누가 처음 시작했을까?

누가 처음 시작 했을까?

초판16쇄 발행 | 2021년 3월 8일
글 | 이향안 그림 | 민재회

펴낸이 | 도승철 펴낸곳 | 밝은미래
등록 | 2005년 5월 2일 (제105-14-87935호)
주소 | 경기도 파주시 회동길 455-2 4층 전화 | 031-955-9550~3 팩스 | 031-955-9555
밝은미래 홈페이지 | http://www.bmirae.com
편집부 | 송재우 고지숙 디자인 | 문고은 강소리 영업부 | 김경훈 경영지원 | 강정희

ⓒ이향안·밝은미래, 2011
ISBN 978-89-6546-042-8 73300
ISBN 978-89-92693-41-7 (세트)

※ 책값은 뒤표지에 있습니다.
※ 이 책 내용의 일부 또는 전부를 재사용하려면 반드시 저작권자와 출판사의 동의를
   얻어야 합니다. 책에 대한 단순 서평 수준을 넘어서는 내용을 SNS나 사진, 영상 등으로
   출판사의 동의 없이 배포하는 것은 저작권법에 저촉될 수 있습니다.

① 품명 : 도서 ② 제조자명 : 밝은미래 ③ 주소 : 경기도 파주시 회동길 455-2
④ 연락처 : 031-955-9550~3 ⑤ 최초 제조년월 : 2011년 7월 ⑥ 제조국 : 대한민국 ⑦ 사용연령 : 9세 이상

교과서에서도 안 알려 주는
사물의 역사

누가 처음 시작했을까?

글 이향안 | 그림 민재회

밝은미래

작가의 말

세상 모든 것의 처음 이야기

몇 년 전만 해도 스마트폰은 이 세상에 없었어요. 시속 200km 이상으로 달리는 고속 철도도 예전엔 없던 거예요. 하지만 지금은 우리 생활 깊숙이 들어와 있어요.

그보다 먼 과거를 상상해 보면, 세상이 변해 온 과정이 굉장했다는 걸 알 수 있어요. 100년 전 조선 시대를 상상해 보세요. 당시 사람들이 하늘로 비행기가 날아가는 걸 상상이나 했을까요? 인터넷으로 각종 정보를 찾아볼 수 있다는 걸 꿈이나 꿨을까요?

인간이 처음 살았던 원시 시대를 상상해 보면 그 변화는 더욱 크게 느낄 수 있어요. 원시인들은 섬유를 짜서 옷을 만들 수 있다는 사실을 몰라서 거의 벗은 채로 살았어요. 불을 이용하는 방법도 몰랐지요.

그러다 누군가 옷이라는 걸 생각해 내면서, 사람들은 자기 몸을 보호하고 꾸미는 방법을 점차 발전시켜 나갔어요. 또 누군가 불을 발견하면서 음식을 익혀 먹고, 추위를 극복하게 되었어요.

이처럼 세상의 변화는 누군가 처음 무엇을 발견하고, 새로운 걸 만들어 내면

서 시작됐어요.

　그렇다면 세상 모든 것의 '처음'으로 여행을 떠나 볼 순 없을까요? 이 책은 이런 호기심으로부터 시작되었어요.

　주인공 장이는 호기심 많은 물음표 귀신을 만나면서, 바로 그 '처음'의 순간들을 알아내야만 하는 입장에 놓입니다. 안 그러면 물음표 귀신이 몇 날 며칠 밤새도록 질문을 쏟아 내며 장이를 괴롭힐 기세였거든요.

　장이와 물음표 귀신의 대화를 가만가만 듣다 보면, 자연스럽게 세상을 변화시킨 시작의 순간들을 경험하게 될 거예요. 이 책은 세상을 변화시킨 108가지 사물의 역사들로 꽉 차 있거든요.

　어느 날 세상에 글자가 생겨났어요. 수학 기호도 하나씩 생겨났어요. 올림픽이라는 세계 체육 대회가 생겨났고, 발레라는 아름다운 무용도 등장했어요. 쓰레기통이 거리에 생겨났고, 공중목욕탕도 만들어졌어요.

　이 책 속엔 이러한 사물들의 시작이 고스란히 담겨 있답니다.

　우리 어린이들이 장이와 물음표 귀신과 함께 그 순간들을 재미있고 유익하게 즐기길 바랍니다.

 이향안

차례

여는 이야기 - 안녕하세요, 귀신 님? … 12

국어책 펼치는 귀신

- 문자는 누가 처음 만들었어? … 18
- 흑연 연필은 누가 만들었어? … 20
- 종이는 누가 처음 발명했어? … 22
- 인쇄술을 최초로 발명한 나라는? … 24
- 사전을 처음 만든 사람은 누구야? … 26
- 최초의 도서관은 누가 만들었지? … 28
- 우리나라 최초의 동화책은 뭐야? … 30
- 점자는 누가 처음 만들었어? … 32

국어 교과서에서 쏙쏙 뽑은 시작 사전 … 34

수학책 펼치는 귀신

- 아라비아 숫자는 누가 만들었어? … 38
- 계산기는 누가 발명했어? … 40
- 달력은 누가 처음 만들었어? … 42
- 최초의 여자 수학자는 누구야? … 44
- 미터법을 맨 처음 만든 나라는? … 46
- 암호는 누가 처음 만들었어? … 48
- +, − 기호를 최초로 사용한 사람은? … 50
- 휴대용 게임기는 누가 처음 만들었어? … 52

수학 교과서에서 쏙쏙 뽑은 시작 사전 … 54

사회책 펼치는 귀신

- 최초로 불을 사용한 사람은? … 58
- 최초의 화장품은 뭘까? … 60
- 지폐를 처음 사용한 나라는? … 62
- 맨 처음 세계 일주를 한 사람은? … 64
- 쓰레기통을 처음 사용한 나라는? … 66
- 라면을 처음 만든 나라는 어디야? … 68
- 청바지는 누가 처음 만들었을까? … 70
- 아파트는 언제 처음 생겼을까? … 72

사회 교과서에서 쏙쏙 뽑은 시작 사전 … 74

과학 책 펼치는 귀신

- 맨 처음 증기 기관차는 누가 만들었어? … 78
- 칫솔을 맨 처음 만들어서 판 사람은? … 80
- 휴대 전화를 처음 만든 나라는? … 82
- 가정용 냉장고는 언제 등장했어? … 84
- 텔레비전을 발명한 사람은? … 86
- 최초의 컴퓨터 이름은 뭐야? … 88
- 세계 최초의 우주인은 누구야? … 90
- 최초의 로봇은 이름이 뭐야? … 92

과학 교과서에서 쏙쏙 뽑은 시작 사전 … 94

미술 책과 음악 책 펼치는 귀신

- 사람이 그린 최초의 그림은 뭘까? … 98
- 유화 물감은 누가 처음 만들었지? … 100
- 패션 마네킹은 누가 만든 걸까? … 102
- 최초의 피리는 무엇으로 만들었을까? … 104
- 사진은 누가 처음 만들었어? … 106
- 최초의 장편 3D 애니메이션 영화는? … 108
- 음계는 누가 처음 만들었어? … 110
- 최초의 오디오 CD는 언제 만들어졌어? … 112

음악·미술 교과서에서 쏙쏙 뽑은 시작 사전 … 114

체육 책 펼치는 귀신

- 월드컵 축구는 언제 시작되었지? … 118
- 우리나라 최초의 야구단 이름은? … 120
- 마라톤이 시작된 나라는 어디야? … 122
- 피겨스케이팅에서 맨 처음 3회전 점프를 한 사람은? … 124
- 최초의 발레 슈즈는 어떻게 생겼어? … 126
- 자전거를 맨 처음 만든 사람은? … 128
- 훌라후프를 누가 만들었어? … 130
- 우리나라 최초의 줄넘기는 무엇이었을까? … 132

체육 교과서에서 쏙쏙 뽑은 시작 사전 … 134

닫는 이야기 – 한글 배우는 귀신 … 136

안녕하세요, 귀신님?

얘, 무슨 책이야?

휘이이잉, 휘잉! 바람 소리가 스산한 밤이었어요.

"아휴, 졸려. 그만 자야겠다."

늦도록 책을 읽던 장이가 졸린 눈을 부비며 막 책장을 덮을 때였어요.

"무슨 책이야?"

꿈결처럼 나지막한 소리가 등 뒤에서 들려왔어요.

"무슨 책이긴, 재미있는 동화책이지."

"넌 책 읽는 거 진짜 좋아하더라. 책이 그렇게 좋아?"

"물론이지. 궁금한 건 책에 다 있……."

장이가 말을 뚝 멈췄어요.

'이상하다. 방엔 나밖에 없는데.'

순간 장이 등 뒤가 오스스했어요. 졸음도 싹 달아나 버렸지요.

슬금슬금 뒤를 돌아본 장이는 깜짝 놀랐어요.

"으악!"

허연 소복 차림에 시커먼 머리카락을 풀어헤친 여자는 귀신이 분명했어요.

이야기로만 듣던 처녀 귀신이 장이를 내려다보고 있었어요.

"……귀, 귀신이닷!"

간신히 소리 지른 그 순간, 귀신은 스르르 사라져 버렸어요. 아무런

해코지도 하지 않고요.

"내가 꿈을 꾸었나?"

장이는 머리를 툴툴 털며 중얼거렸어요. 하지만 그건 꿈이 아니었어요.

"그 책은 또 무슨 책이야? 재미있어?"

다음날 밤에도 같은 시간, 같은 장소에서 또다시 이상한 소리가 들렸어요.

'호랑이한테 물려 가도 정신만 차리면 된댔어. 정신 바짝 차리자!'

장이는 또랑또랑한 목소리로 귀신을 노려보며 소리쳤어요.

"왜 자꾸 내 앞에 나타나는 거죠?"

귀신의 눈동자가 초롱초롱 빛났어요.

"아이들이 널 '척척박사'라고 부르기 때문이지. 척척박사라면 뭐든 다 알 거 아냐. 난 궁금한 게 아주 많아. 대답해 줄 거지, 응?"

귀신의 말에 장이는 당황했어요. 긴 손톱을 무섭게 들어 올리며 "으히히히! 무섭지?"라고 겁주어야 할 귀신이 부탁을 하고 있었으니까요. 게다가 귀신 목소리는 간절했고, 눈동자는 호기심으로 가득했답니다. 구부정한 등과 허리, 늘어진 머리와 바람에 날리는 치맛자락……. 귀신은 마치 둥글게 구부러진 물음표 같았어요.

'얼마나 궁금한 게 많았으면 물음표 모양이 되었을까? 물음표 귀신인가 봐.'
어쩐지 안쓰러운 생각마저 들었어요.
"좋아요! 그 대신 한 가지만 물어보세요."
장이의 말에 귀신은 폴짝폴짝 뛰며 좋아했어요.
"천연두는 어떤 병이야? 옛날에 난 그 병에 걸려서 죽었거든."
천연두에 관한 내용은 장이도 알고 있었어요. 얼마 전 책에서 읽었거든요.
"옛날엔 치료제가 없었기 때문에 천연두 같은 전염병이 돌면 많은 사람이 죽었어요. 하지만 이젠 괜찮아요. 1796년 영국 의사 제너가 종두법을 개발했거든요. 이젠 예방 접종만 맞으면 천연두에 걸리지 않아요."

"아이고, 억울해라! 종두법이 조금만 일찍 개발됐어도 이렇게 처녀 귀신이 되진 않았을 텐데. 엉엉!"

그날 이후 물음표 귀신은 매일 밤 장이를 찾아왔어요.
"밤에 켜는 초는 맨 처음 누가 만든 거야?"
"시원한 아이스크림은 누가 만들었어?"
"난 노래하는 거 아주 좋아해. 근데 노래는 언제부터 있었을까?"
밤마다 갖가지 질문이 쏟아져 나왔어요.
"안녕하세요, 귀신 님? 오늘은 또 뭐가 궁금하신가요?"
해만 지면 나타나는 물음표 귀신에게 이젠 인사를 건넬 정도가 되었답니다.

귀신이 무섭기는커녕 매일 나타나서 질문을 쏟아 내는 통에 귀찮을 정도였어요. 물음표 귀신도 매일 찾아오는 게 힘든 눈치였어요.

"차라리 한꺼번에 다 물어보는 게 낫겠어."

그 말에 장이는 공부를 하려고 책상 위에 두었던 교과서를 바닥에 쫙 펼쳤어요.

"물어만 보세요. 역사, 과학, 미술, 뭐든 다 알려 줄게요."

"내가 궁금해하는 것들이 그 책 속에 다 들어 있어?"

"물론이죠."

"자, 국어 과목 질문부터 받겠습니다. 물음표 귀신 님, 궁금한 게 뭔가요?"

와! 신 난다!

과목별로 진짜 궁금한 거, 꼭 8개씩만 물어보세요.

국어책 펼치는 귀신

국어 1 문자는 누가 처음 만들었어?

공동체 생활과 문자의 탄생

＊ 수메르 족

기원전 4500년경에서 4000년 사이에 티그리스와 유프라테스 강이 흐르는 메소포타미아 지역에 살았던 민족이에요. 다른 여러 원주민들이 살고 있었지만, 수메르 족이 우월한 문화를 지니고 있어 이 지역을 차지했어요.

처음 문자를 만든 사람은 수메르 족이에요. 수메르 족은 메소포타미아(지금의 이라크 남부) 지역에서 가축을 기르고 밀을 재배하며 사는 사람들이었어요. 사실 문자가 없어도 농사를 짓고 가축을 기르는 데에는 큰 문제가 없었어요.

그럼 수메르 족은 왜 문자를 만들게 되었을까요?

자기가 재배한 곡식과 고기만을 먹고 혼자 살 수 있다면 괜찮았어요. 그런데 공동체 생활을 하고, 사람들이 서로 왕래를 하게 되면서 문제가 생겨났어요.

"어? 마을 사람들이 모두 창고에 곡식을 넣어 두었네? 그럼 이중에서 내 곡식을 어떻게 구별하지?"

수확한 곡식의 양을 알아볼 마땅한 방법이 없었거든요.

"옳지! 내 포대에 표시를 해 두면 되겠군."

하지만 어떻게 표시할지가 문제였어요.

"아하! 그림으로 그려 두면 되잖아. 난 양치기니까 내 거에는 양 그림을 그려 두지, 뭐."

이처럼 사물의 모양을 간략하게 선으로 그려서 표현한 것을 '그림문자'라고 해요.

＊소리글자(표음 문자)
사람이 말하는 소리를 기호로 나타내는 글자. 알파벳, 한글 등이 소리글자예요. 글자 자체에는 뜻이 없고 소리만 내지요. 반면 한자는 뜻글자예요. 예를 들어 '가'라는 글자를 쓸 때 한글은 소리 나는 대로 '가'라고 쓰면 돼요. 하지만 한자는 '家, 可, 架' 등의 글자를 모두 '가'로 읽어요. 이렇게 소리는 같아도 글자마다 각각 뜻이 달라요.

 알파벳의 발견

이후 문자는 급속도로 발전했어요. 그림문자뿐 아니라, 말소리를 기호로 나타내는 소리글자도 생겨났지요.

소리글자인 알파벳은 언제 만들었을까요? 알파벳은 페니키아 인들에 의해 기원전 1500년경에 만들어졌어요. 당시 문자는 모음 없이 22개의 자음으로만 이루어졌어요.

＊페니키아 알파벳

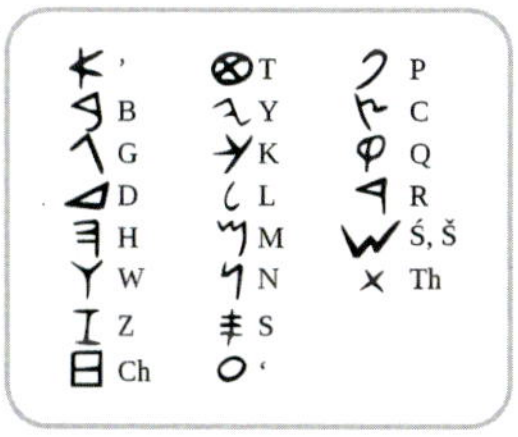

답_ 수메르 족

흑연 연필은 누가 만들었어?

 로마의 납덩어리 연필

지금 우리가 쓰고 있는 모양의 연필은 프랑스 화가 '콩테'가 만들었어요. 점토와 철탄화물을 혼합한 심으로 만든 콩테 연필은 쓰기 편해서 금세 사랑받는 필기도구가 되었어요.

하지만 처음부터 연필이 편리했던 건 아니에요. 최초의 연필은 상당히 무겁고 쓰기도 불편했어요.

약 2000년 전, 그리스와 로마에선 납덩어리를 사용해서 노루 가죽에 글자를 썼어요. 이것이 최초의 연필이에요.

하지만 납덩어리 연필은 무겁고 불편했어요. 그러다가 1564년 영국에서 흑연 광산이 발견되었어요. 영국인들은 흑연을 나무에 끼워서 필기도구로 사용하기 시작했어요. 흑연 연필은 납덩어리 연필과 비교하면 그야말로 획기적인 필기도구였지요.

하지만 흑연 연필도 큰 문제점이 있었어요.

✱ 흑연
거의 순수한 탄소로 이루어진 광물. 흑색을 띠며 전기가 잘 통해, 연필심으로 많이 사용돼요.

글씨를 쓸 때마다 흑연이 묻어났기 때문에 손이 시커멓게 변하는 거예요. 고민에 빠진 사람들은 별별 방법을 다 궁리해 보았어요. 흑연에 실을 감아 보기도 하고, 천을 친친 감아서 써 보기도 했지요.

 연필심을 불에 구운 콩테

그러다가 콩테가 완벽한 연필을 만들었어요. 콩테는 흑연과 점토를 섞어서 구워 보았어요. 그랬더니 잘 부러지지도 않고 손에 잘 묻지도 않았어요. 무겁지도 않았고요.

그렇다면 볼펜은 언제 발명되었을까요?

최초로 볼펜을 특허 출원한 사람은 '라즐로 비로'라는 헝가리 사람이에요. 이 볼펜은 1943년 아르헨티나에서 특허권을 얻은 뒤 제2차 세계 대전이 끝날 무렵 전 세계로 퍼져 나갔어요.

*특허 출원
어떤 지식이나 물건 등의 특별한 권리를 법으로 보장받기 위해 나라에 신청하는 제도예요.

답_ 콩테

종이는 누가 처음 발명했어?

 꿀벌과 종이

* **채륜**
중국 후한 시대의 관리. 글을 쓸 수 있고 가벼우면서도 저렴한 종이를 개발하여, 문자 기록과 학문 발달에 큰 공을 세웠어요.

종이는 2세기경 중국 관리였던 채륜이 발명했어요.
종이를 발명하는 데 결정적인 역할을 한 게 뭔지 아세요? 바로 꿀벌이에요! 도대체 꿀벌과 종이가 무슨 상관이 있는 걸까요?

어느 날 채륜은 말벌이 대나무에서 벗긴 섬유에 침을 묻혀 벌집을 만드는 걸 보았어요.

"아하!"

그 순간 채륜은 기막힌 발명품을 생각해 냈어요. 채륜은 대나무에서 섬유를 벗긴 후 물에 적셔 빻았어요. 여기에 베옷, 그물 등을 섞은 후 햇빛에 말리자 보들보들한 종이가 되었답니다. 인간 역사에 종이가 처음 등장한 순간이에요.

종이 만드는 방법은 한동안 비밀에 부쳐졌어요. 워낙 귀한 물건이었기 때문에 나라에서 종이 만드는 방법을 공개하지 않았던 거예요. 그 후 종이 만드는 기술은 아랍 상인들에 의해 유럽과 아라비아로 전파되었어요.

 파피루스와 양가죽

그럼 종이가 발명되기 전엔 어디에 글과 그림을 남겼을까요? 옛날엔 다양한 것들이 종이를 대신했어요. 고대인들은 동굴의 벽이나 나뭇조각, 동물의 뼈에 기록을 남겼어요.

이집트 사람들은 나일 강변에서 자라는 파피루스의 줄기 껍질을 이용했어요. 껍질의 하얀 속을 가늘게 찢어 다발로 엮은 후 말려서 종이처럼 사용했지요.

동물 가죽이 종이를 대신하기도 했어요. 양가죽을 깨끗이 씻고, 가죽에 남아 있는 살을 제거한 뒤 나무틀 위에 널어서 말리면 '양피지'가 만들어져요. 양피지는 질기기 때문에 귀중한 문서를 기록하는 데 사용되었어요. 서양에서는 중세 시대까지 양피지가 널리 쓰였어요.

*파피루스
8~9세기에 종이의 용도로 널리 이용된 식물. 나일 강, 팔레스타인, 이집트 등에 주로 분포해요. 파피루스로 종이뿐 아니라 매트, 옷, 끈 등도 만들었어요.

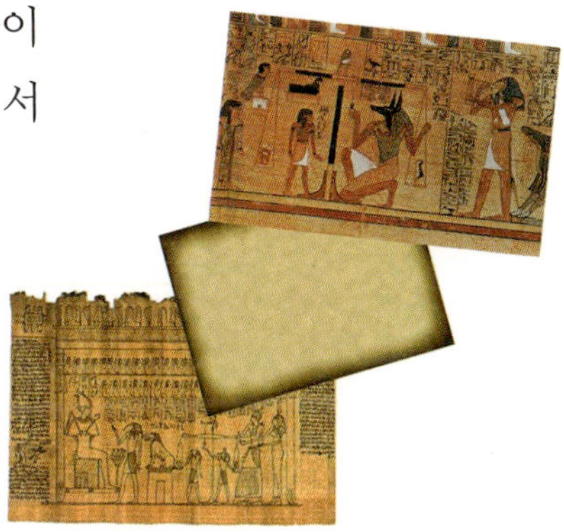

얼른 종이 만들어서 편지 써야지.

답_ 채륜

국어 4
인쇄술을 최초로 발명한 나라는?

 베껴서 만드는 책

　인쇄 방법이 생겨나기 전 책 만드는 일은 몹시 고된 작업이었어요. 펜이나 붓으로 일일이 글자를 써서 책을 만들어야 했거든요. 만약 어떤 책을 갖고 싶다면, 직접 글자를 쓴 책을 빌려서 한 글자씩 베껴 써야만 했어요.
　상상해 보세요. 보통 책 한 권의 글자 수가 얼마나 될까요? 대량 생산 같은 건 꿈도 꿀 수 없었어요. 그 때문에 책값은 엄청나게 비쌌고, 책은 그야말로 고가의 귀중품이었어요. 어떤 책은 양 200마리 가격과 맞먹었을 정도였어요.
　중국 사람들은 필사(베껴 쓰는 일)로 책을 만드는 게 더욱 힘들었어요. 한자는 다른 글자보다 복잡했기 때문에 필사를 하기가 번거로웠거든요.
　그래서 중국이 다른 나라보다 인쇄술을 일찍 발명할 수 있었던 거예요.

 ## 인쇄술의 발달

7세기 말부터 중국에서는 나무판에 글자나 그림을 반대로 새긴 후 먹을 칠해 종이 위에 찍어 냈는데, 이것이 바로 목판 인쇄예요. 지금까지 발견된 가장 오래된 목판 인쇄본은 우리나라 것이에요. 통일 신라 시대에 인쇄된 무구 정광 대다라니경이 그것이지요.

사실 인쇄술의 역사에선 우리나라를 따라올 나라가 없어요. 세계 최고의 금속 활자 인쇄본도 우리나라 것이거든요. '직지심체요절'이 바로 그 주인공으로, 2001년 유네스코 세계 기록 유산으로 지정되었답니다.

* 무구 정광 대다라니경
1966년 경주 불국사 석가탑에서 발견된 다라니경. 통일 신라 시대 때 석가탑에 들어 있던 것으로, 국보 제126호로 지정되어 있어요.

* 요즘엔 어떤 방법으로 책을 만들까요?
최근엔 '오프셋 인쇄'로 책을 만들어요. 1970년에 등장한 오프셋 인쇄는 컴퓨터로 편집 작업을 해서 반투명 필름에 출력한 다음, 필름 내용을 동판에 새긴 후 잉크를 묻혀 인쇄해요.

 ## 목판 인쇄 과정

❶ 적당한 나무를 골라 자른다.

❷ 목판 틀을 만든다.

❸ 글씨 쓴 종이를 목판에 붙인다.

❹ 글씨를 새긴다.

❺ 먹물을 묻혀 찍어 낸다.

답_ 중국

사전을 처음 만든 사람은 누구야?

 스페우시포스의 백과사전

백과사전은 최근에 만들어졌다고 생각하는 사람들이 많아요. 옛날 사람들이 사전과 같은 방대한 자료를 모아 책으로 엮을 수 있었을 거라고 상상하기 힘드니까요. 하지만 백과사전은 기원전에도 있었어요.

역사에 기록된 최초의 백과사전은 스페우시포스의 책이에요. 스페우시포스는 유명한 철학자 플라톤의 조카였어요. 그는 플라톤의 사상을 수학, 철학 등으로 분류해서 책으로 남겼답니다.

12세기경엔 《수다(suda)》라는 사전도 나왔어요. 수다는 정보를 알파벳 순서로 정리한 사전이에요. 이렇게 해 놓으니까 이전의 사전보다 정보를 찾기가 훨씬 편리했지요.

그 후 사람들은 사전을 만들 때 수다에서 사용한 방식을 많이 따르게 되었답니다. 지금 우리가 쓰고 있는 국어사전,

* **플라톤**
고대 그리스의 철학자. 소크라테스의 제자로, 철학자가 나라를 통치하는 것이 바람직하다는 사상을 펼쳤어요.

영어 사전 모두 이 방식을 쓰고 있어요.

 새로운 백과사전 컴퓨터의 등장

그런데 이렇게 오랜 역사를 가진 책 형태의 사전이 점점 사라지고 있어요. 전자사전이 등장하고, 컴퓨터를 통해 정보를 손쉽게 검색하는 시대가 되면서 두꺼운 사전은 찬밥 신세가 되어 버린 거예요.

지금은 인터넷 검색창에 검색어만 입력하면 모든 정보를 찾을 수 있어요. 명승지나 인물은 물론, 각종 사진과 최신 정보까지 찾아낼 수 있지요. 컴퓨터가 사전 수천 권의 몫을 톡톡히 해내고 있는 셈이에요.

컴퓨터 사전이라……. 최초의 백과사전을 만든 스페우시포스는 이런 세상이 올 것을 예측했을까요?

* **우리나라 최초의 국어사전**

1925년에 발간된 《보통학교 조선어사전》이에요. 우리말을 자유롭게 쓸 수 없었던 일제 강점기에 만들어진 국어사전이기 때문에 《보통학교 조선어사전》은 그 의미가 더 크답니다.

답_ 스페우시포스

최초의 도서관은 누가 만들었지?

공공 도서관의 발달

＊아시리아
메소포타미아 북부 지역에서 티그리스 강 상류를 중심으로 번성한 고대 국가.

　최초의 도서관은 아시리아의 아슈르바니팔 왕이 만들었어요. 아슈르바니팔 왕은 글자가 적힌 점토 판을 모아서 도서관을 만들었어요. 종이가 발명되기 이전이라 점토 판에 글을 새겼지요.
　옛날 도서관은 지금의 공공 도서관과는 달랐어요. 개인이 점토 판이나 책을 보관해 두면서 즐기는 공간이었거든요.

당시엔 책값이 워낙 비쌌기 때문에 책을 모아 두는 것은 재산을 모으는 것과 같았어요. 부유한 사람들은 개인 도서관을 만들어서 자신의 부를 과시하기도 했어요.

그런데 책값이 비싸다 보니, 도난당하는 일이 자주 일어났어요. 궁리 끝에 옛날 이탈리아와 영국, 프랑스 등의 대학 도서관에서는 책을 훔쳐 가지 못하도록 책장과 책을 쇠사슬로 묶어 두기까지 했어요.

별난 도서관

옛날엔 재미있는 도서관이 많았어요. 고대 로마엔 공중목욕탕 안에 도서관이 있었어요. 로마 사람들은 유난히 목욕을 좋아했기 때문에 책을 읽는 것도 목욕탕에서 즐겼어요. 독서가 목욕탕에서 하는 놀이의 하나였던 거예요.

베네수엘라 안데스 산맥의 트루히요 지역에는 지금도 '노새 도서관'이 있어요. 노새의 등에 책을 싣고 산속 마을을 찾아다니는 이동 도서관이에요. 이곳은 깊은 산속이라 문명의 혜택을 받기 힘들어요. 그래서 이 지역 몸보이 대학에서 주민들을 위해 이런 아이디어를 생각해 냈답니다.

> **＊세계에서 가장 큰 도서관**
>
> 미국 워싱턴에 있는 의회 도서관이에요. 그곳에는 약 3,200만 종의 책이 보관되어 있어요. 아시아 최대의 국립 도서관은 일본 국립 도서관이에요.

답_ 아슈르바니팔 왕

우리나라 최초의 동화책은 뭐야?

 방정환의 고민

*방정환
일제 강점기 때의 아동 문학가. '어린이는 미래의 희망'이라는 좌우명을 갖고 동화를 썼어요. 어린이날을 만들었어요.

　우리나라의 첫 동화책은 1922년에 출판된 《사랑의 선물》이에요. 방정환이 펴낸 번역 동화집이지요.
　당시는 일제 강점기로 국민들의 생활이 어려운 시절이었어요. 특히 어린이들의 생활은 매우 비참했어요. 가난 때문에 학교에 다닐 수 없는 아이도 많았고, 제대로 된 책 한 권 읽지 못했어요. 나라를 잃은 아이들에겐 꿈도 희망도 없었어요.
　'우리 어린이들에게도 희망을 심어 줄 방법이 없을까? 나라를 되찾을 수 있고, 행복한 세상을 만들 수 있다는 꿈을 가지도록 해 주고 싶은데……'

방정환은 어린이들에게 희망을 심어 줄 수 있는 방법을 찾고 또 찾았어요.

 꿈과 희망을 주는 동화

그러다 마침 방정환은 일본으로 유학을 가게 되었는데, 그곳에서 처음으로 동화책을 보게 되었어요. 당시 일본에선 동화책과 어린이 잡지가 많이 출판되고 있었어요.

'바로 이거야! 아이들이 동화를 읽을 수 있게 해야겠다. 동화는 우리 어린이들에게 꿈과 희망을 줄 거야.'

그 길로 방정환은 외국 동화를 번역해서 우리말로 옮겼어요. 《신데렐라》, 《보물섬》 등의 동화들이 번역되어 한 권의 책이 되었어요. 이것이 우리나라에서 처음 출판된 동화책 《사랑의 선물》이에요.

* 세계 최초의 동화책

어린이 문학의 선구자로 알려진 '존 뉴베리'는 1744년 《작고 예쁜 포켓북》이란 최초의 동화책을 출간했어요. 뉴베리는 최초의 어린이 잡지를 발행하기도 했답니다. 미국에서는 뉴베리의 뜻을 기리기 위해 1922년부터 해마다 아동 문학 발전에 이바지한 작가에게 '뉴베리 상'을 수여하고 있어요.

답_《사랑의 선물》

점자는 누가 처음 만들었어?

 **눈을 감아도 보이는 문자**

점자는 시각 장애인을 위해 만들어진 글자예요. 종이 위에 볼록하게 튀어나온 점인데, 손가락 끝으로 만지면서 읽는 글자지요.

그럼 점자는 어떻게 생겼을까요?

점자는 6개의 점으로 구성되는데, 옆으로 2줄, 아래로 3줄로 표시해요. 6개의 점 중에서 어떤 점이 볼록 튀어나왔는지에 따라 글자가 달라져요.

처음 점자를 만든 사람은 프랑스의 '루이 브라이'예요. 루이가 만든 점자는 점 6개로 표현된 알파벳 점자였어요.

* 점자는 세계 공용어?

나라마다 제 나라 언어에 맞는 방법으로 점자를 만들어요. 1926년 시각 장애인을 가르치던 박두성은 한글 점자를 만들고, '훈맹정음'이라고 이름을 붙였어요. 훈맹정음은 '앞이 보이지 않는 사람을 가르치는 바른 소리'라는 뜻이에요.

점자의 발명은 장애인들의 삶을 바꾸는 중요한 계기가 되었어요. 점자가 발명되기 전, 시각 장애인들은 책을 읽을 수 없어서 교육을 받기 힘들었거든요.

점자는 시각 장애인이 세상 밖으로 나올 수 있게 해 주었어요. 그 덕분에 활발하게 사회 활동을 하며 사는 장애인이 늘어나게 되었어요. 그 대표적인 인물이 헬렌 켈러예요. 점자가 없었다면 헬렌 켈러는 세계 각지를 돌아다니며 사회 복지 활동 하는 걸 꿈도 꾸지 못했을 거예요.

* **헬렌 켈러**
어릴 때 열병을 앓고 난 후 시각, 청각을 모두 잃고 말도 할 수 없었어요. 그러다 설리번 선생님을 만나 점자 등으로 꾸준히 공부하였고, 장애인 교육과 복지 사업에 힘썼어요. 장애를 극복한 위인으로 존경받고 있어요.

 **우리나라 점자의 원리**

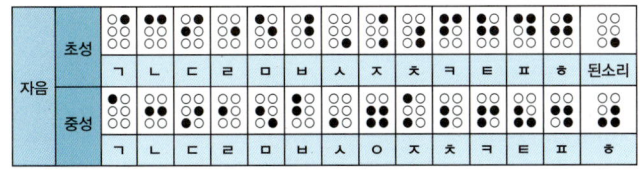

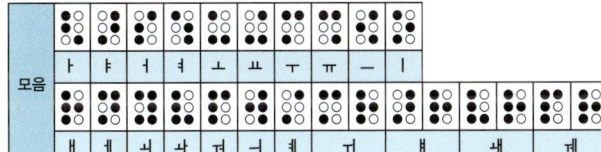

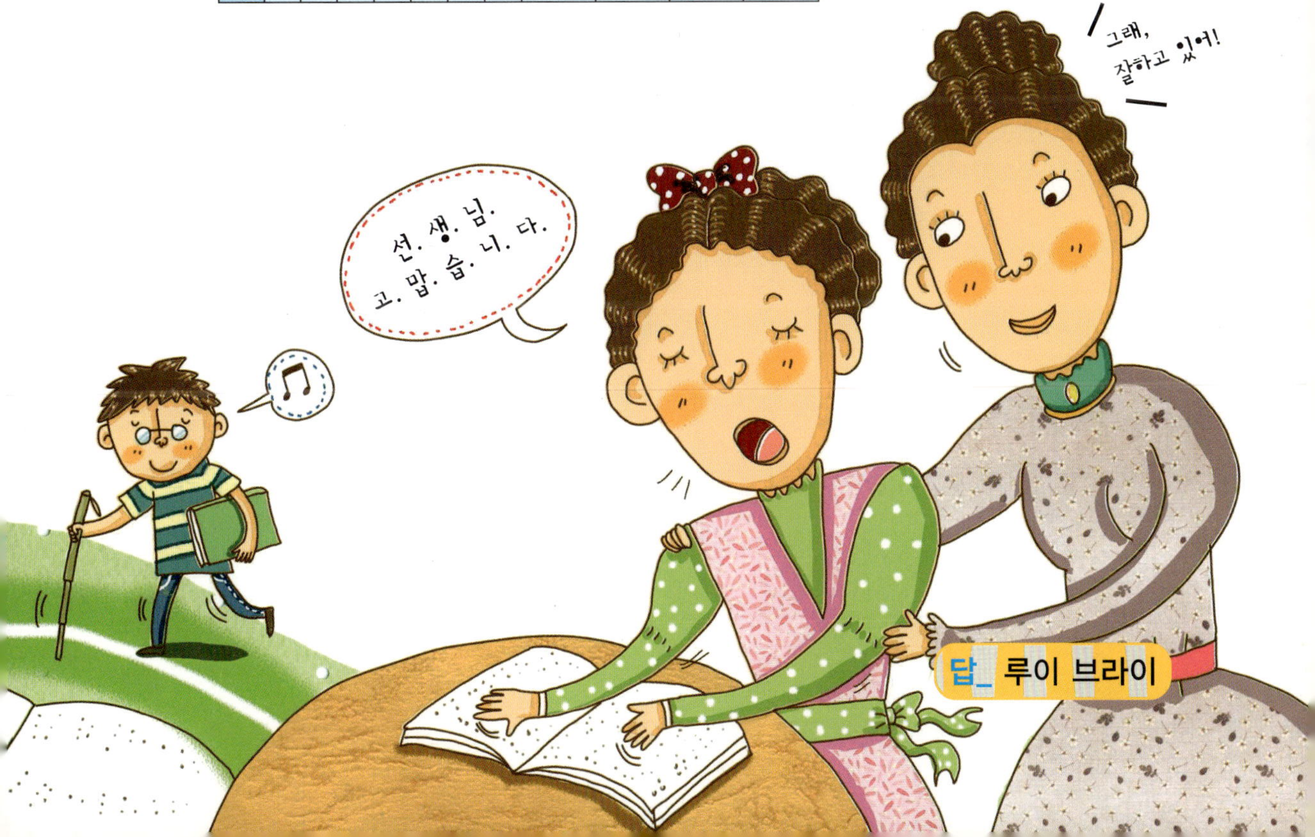

답_ 루이 브라이

국어 교과서에서 쏙쏙 뽑은 시작 사전

📖 최초의 낙서

로마의 '폼페이 유적'은 고대 사람들이 어떤 낙서를 했는지 보여 주어요. 폼페이는 제정 로마 시대 도시인데, 화산이 폭발해서 땅속에 묻혀 버리고 말았어요. 그런데 훗날 발견된 폼페이 유적 중 건물 벽과 집 벽엔 이상한 글자들이 적혀 있었어요. 폼페이 사람들의 낙서였어요. 내용은 사랑하는 사람에게 쓴 편지나 장난스런 글 등 다양해요.

📖 한자의 발명

한자는 기원전 1500년경 중국에서 처음 만들어졌어요. 한자는 글자 하나하나가 뜻을 가지고 있는 뜻글자예요. 예를 들어, '나무 목(木)'을 두 번 쓰면, 숲을 의미하는 '수풀 림(林)' 자가 돼요. 두 개의 글자를 합치면 또다른 글자가 되는 거예요.

📖 우리나라 최초의 신문

우리나라 최초의 신문은 1883년 10월 1일에 창간된 '한성순보'예요. 한자로 쓰여진 한성순보는 최초로 서구식 활판 인쇄 방식으로 간행되었답니다. 1896년 4월 7일 서재필 박사가 처음으로 한글로 된 '독립신문'을 발간했어요. 4월 7일을 '신문의날'로 정한 것도 그 때문이랍니다.

📖 최초의 한글 소설

최초의 한글 소설은 《홍길동전》이에요. 《홍길동전》은 허균에 의해 1612~1618년쯤에 쓰여졌어요. 그런데 채수가 지은 《설공찬전》이 최초의 한글 소설이라는 의견도 있어요. 《설공찬전》은 《홍길동전》보다 100년 정도 앞선 책이거든요. 하지만 《설공찬전》은 한문 소설을 번역한 것이기 때문에 최초의 한글 소설로 보기 어려워요.

📖 우리나라 최초의 금서

때론 나라에서 어떤 책을 읽지 못하도록 금서로 지정하는 경우가 있어요. 우리나라 최초의 금서는 《설공찬전》이에요. 조선 중종 때 《설공찬전》은 왕명으로 불태워졌어요. 작가인 채수가 왕과 다른 정치 이념을 갖고 있었기 때문이에요.

📖 우리나라 최초의 국어 교과서

우리나라 최초의 국어 교과서는 1895년 8월 조선 정부가 만든 《국민 소학독본》이에요. 1896년 《신정심상소학》이라는 국어 교과서에는 최초로 그림이 실렸어요. 1948년엔 박창해 교수의 '바둑이와 철수'가 실린 국어 교과서가 출간되었어요.

📖 우리나라 최초의 아동 잡지

우리나라에서 발간된 최초의 아동 잡지책은 《어린이》예요. 1923년 3월부터 1949년 12월까지 발간된 책으로, 방정환이 만들었어요. 이 잡지엔 창작 동요와 동화가 많이 실렸는데, 나라를 잃은 어린이들에게 꿈과 희망을 심어 주는 소중한 책이었답니다.

📖 우리나라 최초의 창작 동요

우리나라 최초의 창작 동요는 윤극영이 지은 '반달'이에요. 반달은 당시 어린이와 어른에게 가장 사랑받은 동요였어요. 이전에도 '형제별', '나' 등의 동요가 있었지만, 순수 창작 작품이 아니라는 의견이 있어요. 그래서 반달이 우리나라 최초의 창작 동요로 인정받고 있는 거예요.

📖 우리나라 최초의 서점

옛날엔 책을 다른 물건들과 함께 팔았어요. 책만 파는 서점이 생긴 것은 그리 오래되지 않았어요. 최초의 서점은 1896년 '독립신문'에 처음 광고를 낸 '대동서시'로 알려져 있어요. 서적 판매와 출판업을 겸하다가 1910년 폐업했어요. 우리나라 최초의 인터넷 서점은 '영풍문고'예요.

📖 우리나라 최초의 디지털 도서관

우리나라 최초의 디지털 도서관은 국립중앙도서관에 만들어진 '디브러리'예요. 지하 5층, 지상 3층 규모의 디브러리는 2009년 처음 문을 열었어요. 모든 이용자가 디지털 자료 열람, 창작, 교류, 휴식, 체험 등을 할 수 있도록 최첨단 정보를 제공해요.

수학책 펼치는 귀신

수학 1
아라비아 숫자는 누가 만들었어?

 아라비아 숫자? 인도 숫자?

처음 아라비아 숫자를 발명한 것은 인도 사람이에요.
어? 이상하다고요? 인도 사람들이 만든 숫자라면 '인도 숫자'라고 불러야지, 왜 '아라비아 숫자'라고 부르냐고요?

1부터 0이 만들어진 것은 약 5세기경이에요. 당시는 아라비아 상인의 활약이 대단하던 시절이었어요. 다양한 문명과 기술이 아라비아 상인을 통해 여러 나라로 전파되었거든요. 인도 사람이 만든 숫자도 아라비아 상인을 통해 서유럽으로 전파되었어요.

아하! 이제 눈치를 챘나요? 그래요. 당시 유럽 사람들은 아라비아 상인들이 전해 준 숫자니까 당연히 그들이 만든 거라고 믿었어요.

> *아라비아 상인
> 아라비아 반도는 동양과 서양을 잇는 곳으로, 이곳 상인들은 동서양을 넘나들며 진기한 물건을 사고팔았어요. 고려와도 무역을 해서 우리나라를 세계에 '코리아'라고 소개했답니다.

유럽 사람들의 착각으로 인도 숫자는 졸지에 '아라비아 숫자'가 된 거예요.

전파 과정이야 어찌 되었건, 현재 아라비아 숫자는 세계 모든 사람들이 사용하는 숫자 표기법이에요.

 옛날 우리나라 사람들의 숫자

그런데 이런 궁금증이 생기지 않나요? 아라비아 숫자가 들어오기 전, 우리나라 사람들은 어떻게 숫자를 기록했을까요?

우리 조상들은 중국의 영향으로 숫자를 한자로 기록했어요. 一, 二, 三, 四, 五, 六, 七 …… 이렇게 말이에요.

* **불행의 숫자**

서양 사람들이 13이란 숫자를 싫어하게 된 이유는 무엇일까요? 레오나르도 다빈치의 '최후의 만찬'엔 예수와 12명의 제자가 등장해요. 예수의 죽음 직전에 이뤄진 만찬에 등장한 사람이 모두 13명! 그래서 13을 불행의 숫자로 생각하게 되었어요.

앞으론 1, 2, 3 이라는 숫자를 써서 개수를 표시하기로 합시다.

좋은 생각이군!

답_ 인도 사람

수학 ② 계산기는 누가 발명했어?

 **일대일 대응법**

*** 블레즈 파스칼**
프랑스의 수학자이자 과학자. 아버지의 일을 도와주려고 계산기를 만들었어요.

　최초의 계산기는 1642년 **파스칼**이 발명했어요. 톱니바퀴 모양의 이 계산기는 덧셈과 뺄셈을 정확히 계산해 냈어요.
　그럼 아주 오랜 옛날 사람들은 어떤 방법으로 계산을 했을까요?
　이제 막 수를 세기 시작한 아이들을 관찰해 보면 알 수 있어요. 보통 처음 수 세기를 할 때는 손가락과 발가락을 이용해요. 고대인들의 수 세기도 이와 비슷했어요. 사슴이 몇 마리인지 셀 때는 사슴 한 마리마다 돌멩이 하나씩을 놓았어요. 일대일 대응 방법이었지요.
　그런데 이 방법에는 큰 문제점이 있었어요. 자신이 가지고 있는 돌멩이나 손가락, 발가락 숫자만큼만 헤아리다 보니 큰 수를 셀 수 없었거든요. 그래서 벽이나 땅에 빗금을 새기는 방법을 고안해 냈어요.

콩고에서 발견된 고대 화석 뼈엔 고대인들이 수를 센 흔적이 남아 있어요. 화석의 뼈에 수많은 빗금이 새겨져 있는데, 이것은 달이 차고 기울어 간 횟수를 기록한 것이에요.

 ### 계산 도구의 발달

문명이 발달하면서 수를 세는 도구들도 함께 발전했어요. 지금 우리가 사용하는 주판도 아주 오래전부터 세계 곳곳에서 사용되었어요.

우리나라에서도 수를 세는 도구들이 다양하게 발전했어요. 조선 시대에는 '산가지'라는 계산 도구가 많이 사용되었어요. 산가지는 나뭇가지나 뼈 등을 젓가락처럼 만든 뒤, 가로와 세로로 벌여 놓고 셈을 하는 도구예요.

* 주판
기원전 3000년경 바빌로니아 인들이 발명했어요. 하지만 지금과 같은 편리한 형태의 주판을 만든 사람은 중국인이랍니다.

답_ 1642년 파스칼

수학 ③ 달력은 누가 처음 만들었어?

시리우스 달력의 탄생

고대 이집트의 제사장이었던 시리우스는 날씨 때문에 걱정이 많았어요. 비가 와서 나일 강이 범람하면 백성들은 한 해 농사를 망치거든요.

"내일은 날씨가 어떻게 변하려나. 비가 와서 강이 범람하는 건 아닐까? 혹시 먹구름이라도 생겼나 살펴봐야겠어."

시리우스는 매일 하늘에 나타나는 현상을 관찰했어요. 그 결과 나일 강이 범람하기 직전에 나타나는 하늘의 변화를 알게 되었고, 그 변화를 기록해 두었답니다. 시리우스는 이 같은 관찰과 기록을 통해 한 가지 사실을 알게 되었어요.

*나일 강
적도 부근에서 시작하여 지중해로 흘러드는 강이에요. 총 길이는 약 6,671km로, 고대 이집트 문명의 발원지예요.

"아하! 자연현상은 일정하게 반복하는구나.
시간의 흐름에 따라 같은 현상이 반복되고 있어. 이것을
알아 두면 내일 날씨도 알 수 있고, 나일 강이 범람하는 시기도
미리 알 수 있어."
　오랜 시간 관찰한 덕분에 1년이나 계절 같은 시간 단위들을
계산하게 된 거예요. 이런 기록이 바로 달력이 되었답니다.

 양력과 음력

　초기 달력은 동양과 서양이 달랐어요. 동양에서는 달의
모양이 변하는 것을 보고 달력을 만들었어요. 이것을 음력,
또는 태음력이라고 해요. 반면 서양에서는 태양의 주기(양력,
태양력)를 기준으로 달력을 만들었어요.
　각 나라마다 달력이 다르기도 했어요. 기준이 되는 정확한
달력이 없었기 때문이에요. 그 때문에 당시 왕들은 정확한
달력을 만들기 위해 끊임없이 노력을 했고, 그 결과 오늘날
우리가 쓰는 달력이 완성되었어요.

＊ 음력과 양력의 차이

음력은 12달 중 6번은 30일, 6번은 29일로 정했어요. 그래서 음력으로는 1년이 354일밖에 되지 않아요. 이 때문에 양력에서는 4년마다 한 번 2월을 29일로 하고, 음력에서는 19년에 일곱 번, 5년에 두 번의 비율로 한 달을 더하여 윤달을 만들고 달력을 맞추었어요.

답_ 시리우스

수학 4
최초의 여자 수학자는 누구야?

수학자, 철학자, 과학자로 활동한 히파티아

세계 최초의 여성 수학자는 '히파티아'예요. 고대 이집트 알렉산드리아의 수학자였던 히파티아는 신플라톤주의의 대표적인 학자였어요.

히파티아는 당시 유명했던 수학자 '테온'의 딸로, 이성적인 능력이 뛰어났어요. 당시 모든 수학자가 그렇듯 히파티아는 철학자, 과학자로도 활동했어요.

그런데 당시 기독교인들은 히파티아의 사상을 좋아하지 않았어요. 과학적이고 이성적인 히파티아의 철학은 기독교 사상에 반대되었거든요.

"히파티아는 마녀야!"
"그래! 이상한 철학으로 사람들을 악마로 만들고 있어!"
"마녀는 불에 태워 죽여야 해."

* 신플라톤주의
플라톤의 사상을 바탕으로 2~6세기 유럽에서 발달했던 그리스 철학 사상. 창시자는 '암모니오스 사카스'예요. 신플라톤주의는 나중에 기독교 사상에도 큰 영향을 끼쳤어요.

히파티아를 싫어하던 사람들 사이엔 이상한 소문이 돌기 시작했고, 결국 불행한 사건이 터졌어요.
"마녀 히파티아를 죽여라!"
강의를 하러 가던 히파티아는 광신도들에게 잡혔어요. 광신도들은 히피티아를 잔인하게 살해한 후 불에 태워 버렸답니다.
히파티아는 수학 발전에 큰 영향을 끼쳤고, 수학 책도 여러 권 썼어요. 하지만 안타깝게도 히파티아의 책들은 대부분 사라져 버렸답니다.

＊히파티아는 인기 강사

히파티아는 디오판토스(고대 그리스 알렉산드리아의 수학자로, 대수학의 시조로 불려요.)의 산술과 디오판토스가 고안한 기호에 관하여 강의를 했어요. 이때 유럽과 아시아, 아프리카에서 젊은이들이 그녀의 강의를 듣기 위해 몰려올 정도로 인기가 많았어요.

답_ 히파티아

미터법을 맨 처음 만든 나라는?

 미터법의 탄생

길이를 재는 미터법은 1799년 프랑스의 법적 측량 단위로 채택되면서 여러 나라에 알려졌어요. 오늘날엔 미국과 영국을 제외한 대부분의 나라에서 미터법을 사용하고 있어요.

'미터'처럼 길이나 양, 무게 따위를 재는 단위법과 기구를 도량형이라고 해요.

도량형은 사람들이 곡식을 생산, 보관, 물물 교환하면서 생겨났어요. 물건을 교환하려면 그 물건의 양을 정확히 알아야 했거든요.

 도량형이 없던 시대

하지만 처음부터 '미터(m)'나 '그램(g)'과 같은 단위의 도량형이 사용된 건 아니에요. 옛날엔 특정한 도량형이 없었기 때문에 재미있는 일이 벌어지곤 했어요.

＊ 세계인들이 함께 쓰는 단위

길이를 측정할 땐 센티미터(cm), 미터(m), 킬로미터(km) 등을 사용해요. 부피를 측정할 땐 세제곱센티미터(cm³), 세제곱미터(m³) 등을 사용하고, 무게는 밀리그램(mg), 그램(g), 킬로그램(kg) 등을 사용하지요.

"내 발 두 개만큼 길이의 가죽끈을 줄 테니, 너도 발 두 개만큼 길이의 실을 줘."

이런 식으로 거래가 이루어졌는데, 매번 문제가 생겼어요. 가죽끈을 가진 사람의 발 길이와 실을 가진 사람의 발 길이가 서로 달랐으니까요. 길이뿐만 아니라 무게나 부피를 잴 때도 비슷한 일이 생기곤 했어요. 그러다 보니 모두가 받아들일 수 있는 측정 기준이 필요해졌어요.

고대 이집트에서는 눈금을 표시한 자를 사용하고부터 길이를 정확히 측정할 수 있게 되었어요. 무게를 재는 저울도 이집트에서 처음 만들어졌답니다.

깜짝 퀴즈!

우리나라 조상들은 길이를 나타내는 단위로 치, 척, 자 등을 사용했어요. 그럼 5척은 몇 센티미터일까요?

정답_약 151.5cm

★ 우리나라 고유의 단위 ★

길이	푼: 약 0.30cm	치: 약 3.03cm(1푼의 10배)	자, 척: 약 30.3cm(1치의 10배)
넓이	평: 한 변이 6자인 정사각형의 넓이. 3.3058㎡		
무게	냥: 37.5g	근: 고기, 설탕 등 – 600g(1냥의 16배), 채소 등 – 375g	
부피	홉: 약 180mL	되: 약 1.8L(1홉의 10배)	말: 약 18L(1되의 10배)

답_ 프랑스

수학 6. 암호는 누가 처음 만들었어?

카이사르의 알파벳 암호

***카이사르**
로마 제국의 정치가로, '시저'로 불리기도 해요. 로마의 발달을 위해 애를 썼고, 군인으로서 전략을 잘 짜 내어 많은 전쟁에서 승리를 거두었어요.

역사 속에 기록된 맨 처음 암호는 카이사르의 암호예요. 고대 로마의 장군 율리우스 카이사르가 가족들과 비밀스런 이야기를 주고받을 때 사용했던 암호지요.

카이사르는 알파벳을 3글자씩 밀어 내는 방법을 사용했어요. 만약 'come to rome'을 암호로 만든다면 'frph wr urph'로 기록했던 거예요.

그런데 카이사르는 왜 이런 암호를 사용했을까요?

장군이면서 정치가였던 카이사르는 늘 적의 위험에 노출되어 있었기 때문에 비밀스런 대화가 필요했어요. 실제로 카이사르는 가족들이 위험에 처했을 때도 암호 편지를 보내어 가족을 구해 냈어요.

사실 이런 암호는 전쟁 중에 더욱 유용해요. 같은 편끼리 알려야 할 소식을 적군 모르게 보내려면 암호만큼 좋은 게

없어요. 그래서 암호는 큰 전쟁이 일어났을 때 더 정교하게 발달했어요.

 우리 일상생활 속 암호

현대인들도 매일 암호를 사용하고 있다는 사실을 알고 있나요?

신용 카드, 교통 카드, 이메일, 은행 계좌 등에 모두 암호가 사용되거든요. 이메일을 주고받을 때 사람들은 자신만의 암호(아이디, 비밀번호)를 사용해요. 인터넷으로 은행 업무를 볼 때 사용하는 비밀번호도 암호예요.

* **다빈치의 암호**

세계적인 화가 다빈치도 암호를 사용했어요. 그는 평소 노트에 자신의 생각이나 아이디어를 암호로 기록했어요. 이때 거울에 비쳐야만 볼 수 있도록 글씨를 왼손으로 거꾸로 썼답니다.

카이사르 암호는 규칙만 알면 쉽게 풀 수 있어요.

수학 7. +, - 기호를 최초로 사용한 사람은?

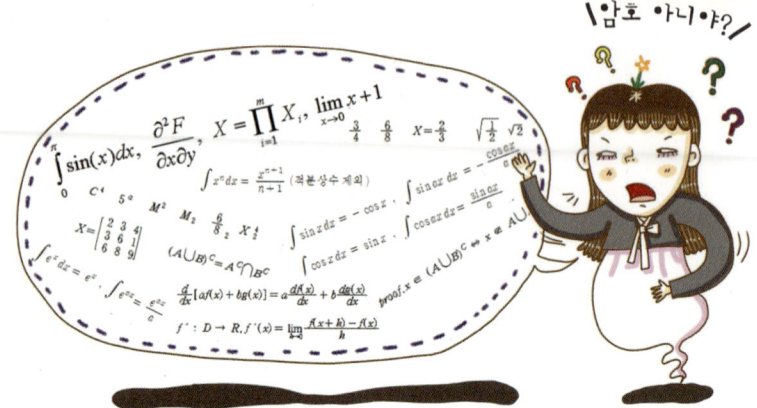

비트만의 발견

*비트만
독일 수학자로, 라이프치히 대학에서 산술과 대수의 기초를 가르쳤어요. 한편으로는 정부나 상인들의 계산을 해 주는 회계 일도 했어요.

덧셈 기호와 뺄셈 기호는 1489년, 비트만이 쓴 《산술책》에 처음 등장해요.

하지만 당시 +와 - 기호는 더한다거나 뺀다는 의미가 아니라, 단지 '과잉'과 '부족'의 의미로 사용되었어요. 오늘날처럼 덧셈과 뺄셈의 기호 표기로 쓰이게 된 것은 1514년경부터예요.

그럼 +, - 기호가 없던 시대의 사람들은 수학 문제를 어떻게 풀었을까요? 당시의 수학 문제는 지금과는 아주 달랐어요. 수학에서 기호가 사용되기 전까지는 모든 문제를 말로 풀어서 썼으니까요.

예를 들어, '2+Y=6이다. Y의 값은 얼마일까?'라는 간단한 문제도 기호가 없던 시대엔 문제가 훨씬 길었어요.

> 2에 어떤 숫자를 더했다. 그랬더니 더한 값이 6이 되었다. 그럼 2에 더한 숫자는 얼마일까?

아무리 짧게 간추려도 이 정도로 풀어 써야 문제를 이해할 수 있었어요.

 또다른 수학 기호의 등장

등호(=)도 덧셈, 뺄셈 기호와 비슷한 시기에 등장했어요. 등호는 《지혜의 숫돌》이란 책에서 처음 사용되면서 '같다'라는 의미의 기호가 되었어요. 이 책을 지은 레코드가 같은 길이의 두 선분을 늘어놓은 이유는 어떤 두 개도 이것보다 같을 수 없다고 생각했기 때문이에요.

곧이어 곱셈 기호(×)와 비율을 나타내는 점(:), 나눗셈 기호(÷)도 등장했답니다.

※ 우리나라엔 언제 수학 기호가 들어왔을까요?

우리나라에 덧셈, 뺄셈, 곱셈, 나눗셈 기호가 들어온 것은 조선 말기예요. 당시 조선에 있던 외국인 선교사들이 사용하면서 알려졌어요.

 깜짝 퀴즈!

다음 문제를 수학 기호를 사용하여 식을 세운 뒤, 답을 구해 보세요.

3에 4를 더하고, 여기에 5를 곱한 뒤 2를 뺐다. 그 값은 얼마일까?

정답_ (3+4)×5-2=33

답_ 비트만

수학 8

휴대용 게임기는 누가 처음 만들었어?

계산기만 한 휴대용 게임기

***요코이 군페이**
일본의 게임 디자이너로, 닌텐도를 세계적인 게임기 회사로 발전시키는 데 크게 기여한 인물이에요.

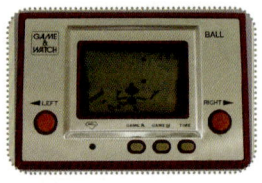

▲ 초기 게임&워치 모델

　1980년 일본의 닌텐도 사에서 나온 '게임&워치'를 최초의 휴대용 게임기로 볼 수 있어요.
　게임&워치가 등장하기 전엔 컴퓨터나 오락실에서 게임을 했어요. 휴대용 게임기가 생기면서 한정된 공간에서만 즐기던 게임을 지하철, 공원 등 어디서나 즐길 수 있게 된 거예요.
　그럼 게임&워치는 어떻게 등장하게 되었을까요?
　닌텐도의 요코이 군페이라는 직원은 어느 날 재미있는 장면을 보았어요. 직장인들이 전자계산기를 들고 이리저리 몰려다니며 노는 모습이 눈에 띈 거예요. 순간 요코이 군페이는 기발한 생각을 해냈어요.
　'휴대용 계산기를 장난감처럼 가지고 노는구나. 게임기도 저렇게 휴대용으로 만들면 어떨까?'
　운전 중이던 요코이 군페이는 그 자리에서 자신의 생각을

52 / 53 • 누가 처음 시작했을까?

사장에게 말했고, 그 아이디어는 바로 상품이 되어 나왔어요. 그것이 바로 게임&워치예요.

 닌텐도와 게임&워치

게임&워치는 엄청난 인기를 끌면서 닌텐도를 단숨에 최고의 게임기 회사로 만들어 주었어요.

하지만 게임&워치는 한 게임기에 한 개의 게임만 들어 있어서, 다른 게임을 하고 싶다면 새로운 게임&워치를 구입해야 한다는 게 단점이었어요.

그 후 닌텐도는 1989년 한 게임기에서 다양한 게임을 즐길 수 있는 미니 게임기 '게임보이'를 출시했어요.

게임&워치와 게임보이의 성공은 닌텐도를 휴대용 게임기의 대명사로 만들어 주었답니다.

＊최초의 비디오 게임기

1961년 미국인 스티브 러셀에 의해 최초의 비디오 게임기가 만들어졌어요. 당시 사람들이 즐기는 게임은 카드놀이나 주사위 놀이가 고작이었어요.

답_ 요코이 군페이

수학 교과서에서 쏙쏙 뽑은 시작 사전

📖 맨 처음 주판을 발명한 사람

주판은 셈을 쉽게 할 수 있도록 고안된 도구예요. 계산기가 사용되기 이전 세계적으로 많이 사용되었지요. 주판을 처음 만든 건 기원전 4세기경의 중국인들이에요. 중국인들은 주판을 만들어 덧셈, 뺄셈, 곱셈과 나눗셈을 손쉽게 할 수 있게 되었답니다.

📖 숫자 '0'의 탄생

처음엔 아라비아 숫자에서 0이 없었어요. 0 대신 □을 사용하거나 그 자리를 비워 두었어요. 예를 들어 105는 1□5로 기록한 거예요. 그러다가 인도 사람들이 처음으로 0이라는 숫자를 만들었어요. 0은 비었다는 뜻이에요.

📖 동양에서 가장 오래된 수학 책

동양에서 가장 오래된 수학 책은 중국의 《양휘산법》이에요. 13세기 중국 남송 시대의 수학자 양휘가 지은 책으로, 지금 우리가 배우는 곱셈과 나눗셈, 방정식 등의 수학식이 나와 있답니다. 중국의 《양휘산법》은 조선 시대 기술직 고시에 해당하는 잡과의 시험 과목이기도 했어요.

📖 최초의 손목시계

최초의 손목시계는 루이 카르티에 의해 1904년에 발명되었어요. 그는 알베르토 산토스 듀몽이라는 친구를 위해 손목시계를 만들었어요. 그 친구는 항공술을 연구하는 사람이어서, 비행기 조종 칸에서도 시간을 확인해야 했거든요. 이후 카르티에는 귀족 층을 대상으로 비싸고 화려한 디자인의 손목시계를 제작해 매우 유명해졌어요. 현재 카르티에는 세계적인 명품 브랜드로 자리 잡았어요.

📖 하루를 24시간으로 나눈 사람

하루가 24시간이 된 건 이집트의 점성술사들 때문이에요. 천문학이 발달한 이집트의 점성술사들은 밤이 되면 12개의 별이 연속적으로 떠오르는 것을 발견했어요. 이것을 보고 밤을 12시간으로 나누고, 그것과 대칭으로 낮도 12시간으로 나누었어요.

📖 1주일을 7일로 만든 사람

고대 사람들이 하늘에서 눈으로 확인할 수 있는 것은 태양과 달, 화성, 수성, 목성, 금성, 토성이었어요. 그래서 고대의 천문학자와 점성가들은 일곱 개의 천체를 신성하게 생각했지요. 고대 이집트 사람들은 각 날을 태양과 달, 그리고 다섯 개의 행성 이름을 붙여 사용했는데, 그것이 현재까지 이어져 1주일은 7일이 되었답니다.

📖 맨 처음 1분을 60초로 정한 사람

누가 1분은 60초, 그리고 1시간은 60분이라고 정한 걸까요? 바빌로니아 인들은 60을 마법의 숫자로 생각했어요. 분수 개념이 없었던 당시, 60은 2, 3, 4, 5, 6, 10, 12, 15, 20, 30이라는 더 작은 여러 수로 나누어서 딱 떨어지는 놀라운 수로 여겨졌거든요.

📖 1월 1일이 새해 첫날이 아니었어요!

1월 1일을 우리는 새해의 첫날이라고 해요. 하지만 초기 로마 달력엔 3월이 새해의 시작이었어요. 1월 1일이 새해 첫날로 인정받기 시작한 것은 532년이에요. 당시 로마 교회가 1월 1일을 새해의 시작으로 결정해 1564년엔 프랑스가, 그 뒤엔 영국이 로마 교회의 의견을 받아들였답니다.

📖 구구단을 처음 만든 나라

구구단은 중국에서 만든 것으로 알려져 있어요. 약 2000년 전 중국 한나라 때 만들어진 수학책 《구장산술》에도 구구단이 기록되어 있어요. 그런데 당시의 구구단은 1단부터 기록한 지금과는 달리, 9단부터 기록하고 있답니다. 오늘날엔 19단까지도 외우는 어린이들도 많고, 그 이상을 외우기도 해요.

📖 수학의 아버지 탈레스

탈레스는 수학(철학)의 아버지로 불리는 수학자예요. 이등변삼각형의 밑각이 같다는 사실을 증명하고, 막대기와 피라미드의 그림자를 이용하여 피라미드의 높이를 측정했어요. 탈레스는 일식의 비밀을 맨 처음 밝혀낸 사람으로도 유명해요.

사회책 펼치는 귀신

사회 1 최초로 불을 사용한 사람은?

 맛있는 불 탄 고기

인간은 180만 년 전부터 불을 사용했어요. 그러니까 최초로 불을 이용한 인간은 원시인인 셈이에요.

불을 사용하기 전, 인간들은 사냥한 생고기를 그냥 먹었어요. 그래서 기생충에 감염되는 경우가 많았어요.

그러던 어느 날, 고기를 보관해 두었던 곳에 불이 나고 말았어요. 간신히 불을 끄고 나니, 불에 탄 고기들만 시커멓게 남아 있었어요.

* 기생충
다른 동물에 붙어서 양분을 빨아 먹고 사는 벌레. 사람 몸에 기생하는 기생충은 주로 입과 피부로 침입해요.

"다 버려야겠군. 애고, 아까워라.
불에 탄 고기는 맛이 없겠지?"
호기심이 발동한 누군가가 고기를 슬쩍 먹어 보았어요.
"세상에! 탄 고기가 더 맛있잖아!"
이때부터 원시인들은 불을 이용해서 음식을 익히기 시작했어요. 불에 익힌 고기는 생고기보다 훨씬 부드러웠고, 기생충에 감염될 염려도 없었어요.

* 프로메테우스의 불
그리스 신화에서, 본래 불은 신들만이 사용하는 것이었어요. 그런데 추위에 떠는 인간들을 불쌍하게 생각한 프로메테우스가 신들의 제왕인 제우스를 속이고 인간에게 불을 선물했어요. 이 때문에 프로메테우스는 산 채로 독수리에게 간을 파 먹히는 벌을 받았답니다.

인간에게 이로운 불

불은 인간 생활에 큰 도움을 주었어요. 요리 방법을 바꾸었을 뿐만 아니라 추위도 막아 주었어요. 불을 이용해서 흙으로 빚은 그릇을 단단하게 구워 내고, 금속 도구도 생산할 수 있었어요.
그렇다면 인간들은 처음 어떻게 불을 발견했을까요? 원시 시대엔 지층이 불안했기 때문에 화산이 자주 폭발했어요. 그 때문에 자연스럽게 불의 존재를 알게 되었답니다.

답_ 원시인

사회 2

최초의 화장품은 뭘까?

 옛날 사람들의 화장법

고대 이집트 인들은 강렬한 태양으로부터 피부를 보호하기 위해 피마자 나무에서 짜낸 기름을 몸에 발랐는데, 이것이 최초의 화장품이에요.

당시 이집트 인들은 아름다움에 관심이 많았어요. 남녀 모두 눈을 푸른빛으로 화장하고, 진한 향수를 뿌리고 다닐 정도였지요. 이집트 인들은 자연 속에서 화장품 재료를 찾아냈어요. 순수 천연 화장품을 만들었던 거예요.

공작석으로 녹색 아이섀도를 만들어 내고, 딱정벌레 껍데기 으깬 것을 눈가에 발라 반짝이는 효과를 주었어요. 쥐의 속눈썹으로는 인조 속눈썹을 만들어 붙였답니다.

우리나라에서도 예부터 화장품이 다양하게 발달했어요. 옛 여인들은 녹두와 콩을 갈아서 비누로 썼어요. 쌀과 분꽃 씨로는 분을 만들어서 얼굴에 발랐어요.

* 피마자
피마자 씨는 설사약, 포마드, 윤활유 등에 쓰이는 약재예요. 피마자 기름은 모발 보호 제품이나 스킨 케어 제품의 원료로 쓰여요.

* 공작석
가리비 껍데기 같은 무늬가 있는 광석. 초록빛이며 불투명한데, 무늬가 공작 꼬리 깃털처럼 보여서 이런 이름이 붙었어요.

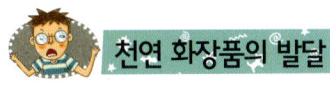 **천연 화장품의 발달**

옛날에는 주변에서 손쉽게 구할 수 있는 자연물로 화장품을 만들었어요. 황토, 포도주 찌꺼기, 숯, 꽃물, 포마드 기름 등 어떤 것이라도 화장품의 재료가 되었어요.

현재 우리가 쓰고 있는 화장품은 주로 화학 제품으로 만든 것이긴 하지만, 아직도 천연 재료를 사용하기도 해요. 입술이나 눈가를 반짝거리게 하는 펄 화장품은 갈치 비늘로 만들어요. 입술을 예쁘게 하는 립스틱에는 화학 약품 외에도 지렁이 가루와 개불, 갈치 비늘 등이 들어가요.

최근엔 천연 화장품이 인기를 끌면서 녹차, 꽃, 나무, 해산물, 과일, 상어 알 등의 다양한 자연물이 화장품의 주재료가 되고 있어요.

✻ 계층에 따라 다른 화장품 재료

우리 조상들은 볼과 입술을 빨갛게 물들이는 데 홍화 꽃잎 가루를 사용했어요. 하지만 홍화 꽃잎 가루는 가격이 비싼 탓에 양반들이 주로 쓰고, 평민들은 대신 빨간 고추를 사용했어요.

"이 색깔 참 맘에 드는구나. 어떠냐? 앵두 같은 입술로 반짝반짝 빛이 나느냐?"

"호박에 줄 긋는다고 수박 되겠냐?"

"네, 그럼요~"

답_ 피마자 기름

사회 3 지폐를 처음 사용한 나라는?

 **금속 화폐의 등장**

고대에도 금속으로 만든 화폐를 사용했어요. 당시 금속 화폐는 상인들 사이에 급속하게 퍼져 나갔어요. 운반하기가 쉽고, 물건 값을 계산하기 편리했기 때문이에요.

옛날엔 금속 화폐를 귀금속인 금이나 은, 동으로 만들었어요. 화폐의 가치는 귀금속의 값어치에 따라 달라졌어요. 예를 들어 금, 은, 동 화폐 중 가장 비싼 물건을 살 수 있는 것은 금으로 만든 화폐였답니다. 금속 화폐는 적은 양으로 큰 가치를 지녔기 때문에 보관하거나 휴대하기가 편리했어요.

그렇다고 모든 곳에서 금속 화폐가 사용된 것은 아니에요. 아프리카에서는 조가비를 화폐로 사용했고, 멕시코에서는 카카오 열매를 화폐로 사용했어요. 각 지역마다 그 특징에 맞는 화폐가 발달했던 거예요.

* 카카오
적도 지역에 주로 분포하는 나무예요. 열매인 카카오콩을 갈면 초콜릿 원료가 되는 카카오 매스와 코코아 버터가 만들어져요.

지폐 화폐의 등장

지폐는 약 11세기경 중국에서 등장했어요. 종이와 인쇄술이 발명되면서 중국에서는 황제의 도장이 찍힌 지폐가 생겨났는데, 이것은 금속 화폐와 교환이 가능했어요.

그럼 화폐가 나오기 전엔 경제생활이 어떤 식으로 이루어졌을까요?

아주 오랜 옛날엔 화폐가 굳이 필요하지 않았어요. 자신이 갖고 있는 물건을 다른 사람의 물건과 교환하면 됐거든요. 물건의 필요나 가치에 따라 물물 교환이 이루어진 거예요.

*신용 카드의 탄생

신용카드는 1914년 미국의 석유 회사가 휘발유의 외상 판매를 위해 발급한 카드에서 유래되었어요. 신용 카드는 부피가 작고 사용하기 편리하다는 장점 때문에 1980년대 이후에 급속도로 퍼져 나갔어요.

답_ 중국

사회 4

맨 처음 세계 일주를 한 사람은?

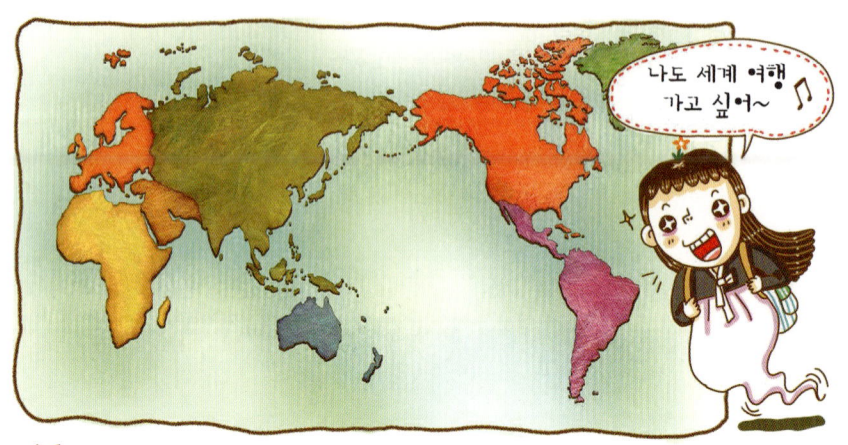

 마젤란의 세계 일주

세계 일주를 처음 성공한 사람은 에스파냐의 항해가 마젤란이에요.

1519년 8월 10일, 마젤란은 빅토리아 호를 이끌고 세비야를 떠났어요. 빅토리아 호는 대서양 너머 서인도 제도와 아메리카 대륙 남쪽을 돌아서 태평양을 건넜어요. 그리고 1522년 9월 8일엔 필리핀과 인도양, 아프리카 서해안을 거쳐 드디어 고국으로 돌아왔답니다.

당시 빅토리아 호의 세계 일주 성공은 대단한 사건이었어요. 항구를 출발했던

＊마젤란
원래는 포르투갈에서 태어났지만, 에스파냐 항해사로 일했어요. 1519년 세계 일주 항해를 시작했지만, 1521년 항해 중 전사했고 그의 부하들이 임무를 완수했어요.

배가 지구를 한 바퀴 돌고 다시 항구로 돌아옴으로써, 지구가 공처럼 둥글다는 사실이 증명되었거든요. 이 때문에 마젤란의 세계 일주 성공은 과학사에 남는 중요한 사건으로 기록되었답니다.

*마젤란과 나침반

마젤란이 세계 일주를 할 수 있었던 것은 나침반 덕분이에요. 나침반은 220년 중국 사람들이 만들었어요. 최초의 나침반은 바늘 모양의 자석을 나뭇잎에 끼우고, 그 나뭇잎을 큰 물통에 띄운 다음 바늘이 가리키는 방향으로 남과 북을 알아내는 방식이었어요.

 맨 처음 세계 일주를 한 우리나라 사람은?

우리나라에서 최초로 세계 일주를 한 사람은 누구일까요?
그 주인공은 조선 시대 명성 황후의 조카 민영환이에요. 민영환은 모스크바에서 열리는 러시아 황제의 대관식에 축하 사절로 가게 되었는데, 그때 세계 여러 나라를 방문했어요.

당시 민영환이 방문한 나라는 중국, 일본, 캐나다, 영국, 미국, 네덜란드, 독일 등이었는데, 그때의 경험을 기록해서 《해천추범》이라는 기행문을 썼어요. 민영환은 그 후에도 여러 차례 세계 각국을 방문하여 서구 문명을 조선에 소개하는 역할을 했답니다.

답_ 마젤란

사회 5 쓰레기통을 처음 사용한 나라는?

지저분한 거리를 깨끗하게

쓰레기를 담아 버리는 통을 따로 두고 쓰기 시작한 것은 프랑스 사람들이에요. 1864년 3월 프랑스 리제르에서 '공공 도로와 거주지에 관한 법규'가 제정되었어요. 법규의 내용은 다음과 같았어요.

> 건물의 세입자들은 쓰레기를 그냥 버려서는 안 된다.
> 그릇이나 상자에 담아서 버리지 않으면 처벌을 받을 것이다.
> 쓰레기의 양도 절대로 50ℓ를 넘을 수 없다.

사람들이 아무 데나 버리는 쓰레기 때문에 거리가 더러워지는 것을 막기 위한 조치였어요. 그때부터 프랑스 사람들은 '쓰레기통'이라고 하는 상자를 사용하기 시작했어요.

*세입자
일정 금액의 돈을 내고 남의 집을 빌려 쓰는 사람.

 **프랑스에서 쓰레기통이 '푸벨'이라고 불리는 이유**

1884년 3월엔 공동 쓰레기 수거함도 등장했어요. 이번엔 각 건물주들에게 새로운 법이 적용되었거든요.

건물주들은 세입자들이 사용할 수 있는 쓰레기통을 하나씩 만들어 주어야 한다. 아니면 공동 쓰레기 수거함을 마련해 줘야 한다. 또한 쓰레기통은 썩기 쉬운 것, 종이나 헝겊을 담는 것, 유리를 담는 것 등으로 구분해야 한다.

이 법을 제안한 사람은 도지사였던 위젠 푸벨이었어요. 그래서 쓰레기 수거함은 그의 이름을 따 '푸벨'이라고 부르게 되었답니다. 푸벨 쓰레기통은 철과 아연을 입힌 금속형 통이었어요.

* 위젠 푸벨
1883년 센 도지사에 임명된 뒤 파리를 유럽에서 가장 아름답고 청결한 도시로 만들기 위해 특별한 쓰레기 처리법을 발표했어요. 쓰레기통을 만들자는 푸벨의 아이디어는 다른 지방으로 급속도로 퍼져 나갔어요.

아무리 쓰레기라도 깨끗이 정리해서 버려야지.

답_ 프랑스

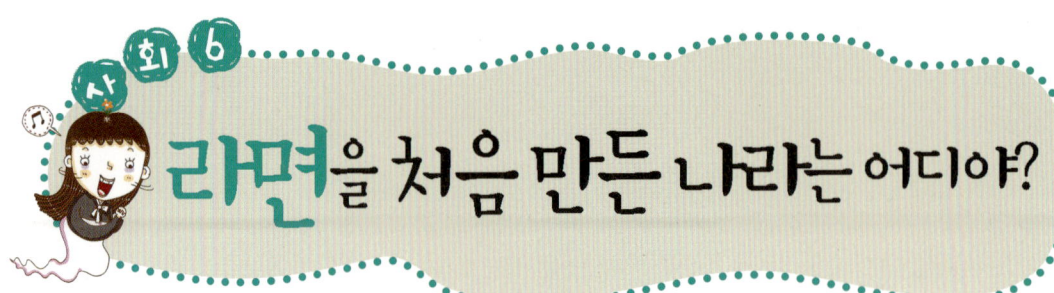
사회 6 라면을 처음 만든 나라는 어디야?

간식으로는 라면이 최고!

라면의 원조

*《제민요술》
중국에 현존하는 가장 오래된 농업 기술서로, '가사협'이라는 사람이 썼어요. 농사 방법과 요리 방법이 자세히 적혀 있는 책이에요.

라면이 일본에서 시작된 요리로 아는 사람들이 많아요. 하지만 라면의 원조는 중국이에요.

라면, 파스타, 국수 등 면 요리의 대부분은 중국의 면에 그 기원을 두고 있어요. 최초로 면 요리가 탄생한 곳은 중국의 산시 성 근처거든요.

6세기 초 중국의 농경서 《제민요술》엔 '따뜻한 물에 끓인 국수'라는 밀가루 식품이 등장하는데, 이것이 면 요리의 원조랍니다. 중국인들은 밀가루를 반죽한 후, 반죽을 계속 치고 늘려서 가늘게 만들었어요. 이렇게 만들어진 면이 일본에 전해지면서 라면이 된 거예요.

1800년대 중국인 중 일본에

들어가 정착하는 사람들이 있었는데, 그들이 손으로 면을 뽑아 먹었던 국수가 '라우미엔(납면(拉麵))'이었어요. '라이(손)'와 '미엔(면)'이 합쳐진 말이었지요. 이것을 본 따서 만든 면 요리를 일본에서는 '라멘', 우리나라에서는 '라면'이라고 불렀어요.

세계의 면 요리

중국의 면 요리는 세계 각국으로 퍼져 나가며 각 나라에 맞는 요리로 바뀌어 갔어요. 밀가루 반죽을 얇은 판 모양으로 펼친 다음에 칼로 가늘게 잘라서 삶아 먹는 중국 요리는 우리나라에서 칼국수로 자리 잡았고, 이탈리아로 전해진 중국 면 요리는 파스타라는 세계적인 요리가 되었어요.

일본은 라면 외에도 메밀국수, 우동 등의 다양한 면 요리를 발전시키면서 그들만의 독특한 맛을 만들어 냈어요.

난 면 뽑기의 진정한 달인!

답_ 중국

사회 7
청바지는 누가 처음 만들었을까?

 **청바지의 탄생**

＊인간이 처음 입은 옷

인간은 선사 시대부터 추위를 견디기 위해 옷을 입기 시작했어요. 당시 옷은 동물 가죽으로 만들었는데, 동물 뼈와 상아로 만든 바늘에 사슴 힘줄이나 말의 갈기를 꿰어 옷을 만들었어요.

청바지를 만든 사람은 리바이 스트라우스예요. 유명한 청바지 회사 '리바이 스트라우스 사'를 세운 사람이지요.

1848년 즈음, 미국 서부에선 금광 개발이 한창이었어요. 당시 스트라우스는 금광 일을 하는 사람들에게 튼튼한 바지가 절실하다는 사실을 깨달았어요. 고된 일을 하다 보니 바지가 여기저기 찢어져 무릎이 심하게 까지기도 했거든요.

리바이 스트라우스는 어떤 방법을 생각해 냈을까요?

그 답은 튼튼한 텐트였어요. 텐트 천을 이용해서 바지를 만든 거예요. 텐트 천으로 만든 바지라니! 사람들이 그런 바지를 입으려고나 했을까요?

의외로 텐트 천 바지는 엄청난 인기를 끌었어요. 금광 일을 하는 사람들은 이 바지를 '리바이스'라고 부르며 좋아했어요. 그 후 리바이스 청바지는 농부나 벌목공, 카우보이 등

노동자들 사이에서 큰 인기를 끌었어요.

 면으로 만든 데님 청바지

그런데 이렇게 되자, 옷감으로 쓰이던 텐트 천이 턱없이 부족해졌어요. 스트라우스는 텐트 대신 잘 해지지 않는 면직물을 수입해서 청바지를 만들기 시작했는데, 이 바지를 사람들은 '데님'이라고 불렀어요.

그 후 주머니 가장자리에 구리 리벳까지 달아 더욱 튼튼해진 리바이스 청바지는 엄청난 인기를 끌었어요. 1950년대엔 말런 브랜도, 제임스 딘, 존 웨인 등의 헐리우드 배우들이 청바지 차림으로 영화에 등장하면서 그 인기가 전 세계로 퍼져 나가게 되었답니다.

지금은 청바지가 단순히 작업복이 아니라 패션 트렌드로 자리 잡았어요.

* **구리 리벳 (copper rivet)**
청바지 주머니 끝에 박아 놓은 붉은 구리 소재의 압정. 이 리벳 덕분에 바지 주머니가 잘 틀어지지 않았어요. 스트라우스는 이 기술로 1873년 특허를 받았어요.

답_ 리바이 스트라우스

아파트는 언제 처음 생겼을까?

아파트와 산업 혁명

＊산업 혁명
18세기 후반부터 약 100년 동안 유럽에서 일어난 사회 조직의 대 변화. 수공업에서 기계 공업으로 변화했고, 자본주의 경제가 확립된 시기예요.

아파트라는 주거 형태는 18세기에 등장했어요. 산업 혁명이 일어나면서 많은 사람들이 도시로 몰려들었는데, 집이 턱없이 부족하게 되었어요.

'오늘 밤은 또 어디서 자나?'

노동자들은 매일 밤 잘 곳을 걱정해야 했어요. 그 해결책으로 등장한 것이 층층이 쌓아 올린 아파트였어요.

19세기 초반부터는 아파트가 중산층 사람들의 도시 주택으로 주목 받으면서 세계 곳곳에 세워지게 되었답니다.

 우리나라 최초의 아파트

1950년대 무렵, 우리나라에도 아파트가 등장했어요. 그중 화제가 되었던 것은 서울 주교동의 중앙 아파트예요. 중앙 아파트는 3층짜리 한 개 동에 12세대가 지어졌어요. 방은 한 칸뿐이었지만, 수세식 화장실과 입식 부엌이 있었기 때문에 구경 온 사람들로 들끓었어요. 오래된 한옥만 즐비하던 곳에 서양식 아파트가 들어섰으니 최고의 구경거리였지요.

그 후 사람들은 현대식 아파트에만 관심을 가지며 전통 한옥을 촌스럽다고 생각했어요. 하지만 한옥엔 우리 민족만의 고유한 생활 방식과 전통이 잘 담겨 있어요. 그 때문에 최근엔 한옥과 현대식 건물의 장점이 잘 어우러진 집 형태가 관심을 받고 있지요.

＊ 최초의 집

원시 시대엔 특정한 형태의 집이 없었어요. 원시인들은 사냥감을 찾아서 여기저기 떠도는 생활을 했기 때문에 자연적으로 만들어진 동굴에서 생활을 했어요. 그러다 농사를 짓고 정착 생활을 하게 되면서 오랫동안 살 집이 필요해졌어요. 사람들은 주변에서 쉽게 구할 수 있는 짚이나 풀, 나무를 이용해서 움막집을 지었어요.

답_ 18세기

사회 교과서에서 쏙쏙 뽑은 시작 사전

📖 세계 최초의 박물관

최초의 박물관은 기원전 이집트의 왕 프톨레마이오스 1세가 만들었어요. 그런데 당시 박물관은 성전으로서의 역할이 더 컸어요. 우리나라 최초의 박물관은 1909년에 설립된 '이왕가 박물관'이에요. 이왕가 박물관은 창경궁 안에 동물원, 식물원과 함께 만들었는데, 1909년 11월 1일 일반인에게 개방되었어요.

📖 맨 처음 목욕탕

크레타 섬의 미노스 왕이 크노소스 궁전에 만든 것이 최초의 목욕탕이에요. 미노스 왕의 목욕탕은 아주 정교하고 화려했어요. 우리나라의 기록 속에 나오는 최초의 목욕탕도 왕과 관련이 있어요. 신라의 시조인 박혁거세는 동천에서 목욕을 했고, 왕비인 알영은 북천에서 목욕을 했다는 기록이 전해지고 있어요.

📖 우리나라의 맨 처음 지도

처음으로 우리나라 땅 모습을 제대로 그린 지도는 1861년 김정호에 의해 완성된 대동여지도예요. 김정호는 완벽한 지도를 만들기 위해 무려 27년간 전국을 돌며 고생한 끝에 대동여지도를 완성했답니다.

📖 최초로 원자 폭탄을 사용한 전쟁

최초로 원자 폭탄이 사용된 전쟁은 제2차 세계 대전이었어요. 1945년 미국은 일본에 원자 폭탄이라는 핵무기를 투하했어요. 당시 사망자 수는 히로시마에서 14만 명, 나가사키에서 7만 명이나 되었어요.

📖 세계 최초의 은행

기원전 17세기에 쓰여진 바빌로니아의 함무라비 법전에 은행에 대한 기록이 남아 있어요. 여기엔 맡겨진 재산의 쓰임새나 이자에 대한 규정이 적혀 있어요. 우리나라 최초의 은행은 1896년에 설립된 '조선은행'이에요. 고종 33년에 설립한 이 은행은 1901년 폐점했어요.

최초의 노벨 평화상 수상자

최초의 노벨 평화상 수상자는 앙리 뒤낭이에요. 앙리 뒤낭은 솔페리노 전투에서 부상당한 군인들을 위해 긴급 구조대를 만들고 구호 단체인 '국제 적십자'를 창설했어요. 그 공을 인정받아 1901년 최초의 노벨 평화상 수상자가 되었어요.

세계 최초의 유치원

최초의 유치원은 1840년 독일의 블랑켄부르크에 세워진 유치원이에요. 독일의 대표적인 교육학자 '프리드리히 프뢰벨'이 그의 부인과 함께 세웠어요. 프뢰벨은 취학 이전 아동들의 정서 계발과 창의적인 활동에 중점을 두고 교육했어요.

최초의 어버이날

어버이날에 카네이션을 달아 드리는 풍습은 미국에서 시작되었어요. 미국 버지니아의 자비스 부인은 부모 없는 아이들을 잘 돌봐 주었어요. 1905년 그녀가 세상을 떠나자, 돌보아 주던 아이들이 추모회를 열었는데, 그 자리에서 자비스의 딸 안나가 사람들에게 흰 카네이션을 달아 주었어요. 이것이 어버이날 풍습으로 자리 잡았고, 나중에 붉은 카네이션으로 바뀌었답니다.

최초의 보이스카웃과 걸스카웃

1907년 최초의 보이스카웃이 영국에서 창립되었어요. 보이스카웃을 창립한 사람은 영국군 장교였던 '로버트 베이든 포웰'이에요. 그는 유소년들의 정신과 육체를 단련하고 건전한 시민 정신을 함양시킬 목적으로 이 단체를 만들었어요. 1910년엔 보이스카웃에 이어 걸스카웃도 창립되었어요.

최초의 농기구

최초의 농기구는 날카로운 돌에 손잡이를 달아서 만든 곡괭이의 일종이었어요. 막대기로 땅을 파던 원시인들이 곡괭이 형태의 도구를 사용하게 된 거예요. 그 후 농사 도구는 점점 발달해서 낫도 생기고, 곡식을 가는 돌방아와 돌공이도 발명되었어요.

과학책 펼치는 귀신

과학 1

맨 처음 증기 기관차는 누가 만들었어?

 **우스꽝스러운 증기 기관차**

* **조지 스티븐슨**
영국 증기 기관차 발명가. 로커모션 호를 시작으로 철도 수송의 시대를 열었어요.

    1825년 조지 스티븐슨이 만든 최초의 증기 기관차 이름은 '로커모션'이었는데, 이 말은 '여행'이란 의미였어요. 로커모션은 철도를 달리며 "칙칙폭폭! 칙칙폭폭! 삐익!" 하는 소리를 냈답니다. 그때까지 마차가 달리는 것만 봐 왔던 사람들은 그 소리가 낯설고 우스웠어요. 사람들은 기관차 소리에 웃음을 터트렸고, 잠자던 아이들이 깜짝 놀라 깨기도 했어요.
    증기 기관차가 발명되었을 당시, 이상한 경기가 벌어졌어요. 증기 기관차와 마차의 한판 승부가 벌어진 거예요.

 증기 기관차와 마차의 경주

    증기 기관차가 철도를 달리게 되자, 유럽의 마부들은 큰 충격을 받았어요. 기관차가 사람과 화물을 대량으로 실어

나르면 마부들은 실업자가 될 게 분명했으니까요.
"기차는 절대로 편안함과 빠르기에서 마차를 따를 수 없다!"
마부들은 이렇게 자신만만하게 소리쳤어요. 그리고 이를 증명하기 위해 기관차와 마차의 경기를 제안했답니다.
결과가 어떻게 되었냐고요?
기차의 출발 속도는 마차보다 느렸어요. 그래서 초반엔 마차가 승리할 것처럼 보였어요. 하지만 마차는 달릴수록 속도가 느려졌어요. 반면 기관차는 달릴수록 속도가 빨라졌답니다. 결국 기관차의 승리로 끝나면서 세계 곳곳에 "칙칙폭폭!" 소리가 널리 퍼지게 된 거예요.

* **세계 최초의 자동차**

1769년 '니콜라스 조셉 퀴뇨'가 만든 3륜 증기 자동차가 최초의 자동차예요. 이 자동차는 15분마다 물을 보충해 주어야 했고, 브레이크 장치도 없어서 실험 도중에 교통사고를 내고 말았어요. 그 때문에 니콜라스는 감옥에 가는 신세가 되었어요.

답_ 조지 스티븐슨

과학 2
칫솔을 맨 처음 만들어서 판 사람은?

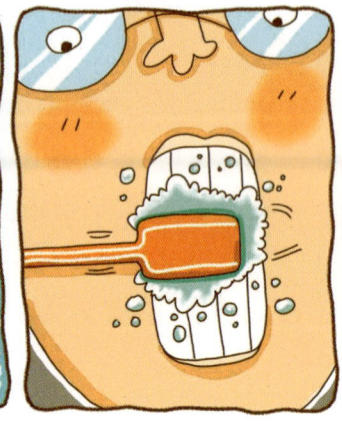

 죄수가 만든 칫솔

1770년 영국에서 있었던 일이에요.

윌리엄 애디스는 뉴게이트 감옥에 수감된 죄수였어요. 그에겐 큰 고민이 있었어요.

"매일 이를 닦는 게 너무 힘들어. 천으로 문질러 닦으려니 시원하지도 않고……. 좋은 방법이 없을까?"

궁리 끝에 윌리엄은 저녁 식사로 나온 고기를 먹고 난 후 그 뼈에다가 작은 구멍을 뚫었어요. 그리고 간수에게 얻은 뻣뻣한 털을 작은 묶음으로 만든 뒤 구멍에 박았어요. 이렇게 만들어진 털 칫솔은 사용하기도 편리했고, 이도 깨끗이 닦였어요.

윌리엄은 석방되자마자 칫솔을 상품으로 만들었어요. 윌리엄의 칫솔은 대성공을 거두었고, 그 덕분에 윌리엄은 큰 부자가 되었어요.

＊최초의 치약

고대 이집트에서는 소 발굽의 재, 몰약, 달걀 껍데기의 분말, 가벼운 돌가루 등을 치약으로 사용했어요. 우리나라에 짜는 치약이 등장한 것은 1954년이에요.

 **최초의 칫솔은 막대기**

그럼 세계 최초의 칫솔은 윌리엄의 칫솔일까요?

아니에요. 최초의 칫솔은 선사 시대 사람들이 쓰던 막대기라고 할 수 있어요. 당시 사람들은 연한 막대기를 잘근잘근 씹었는데, 이것이 칫솔 역할을 했거든요.

요즘과 비슷한 형태의 칫솔이 처음 등장한 것은 1500년경 중국에서였어요. 당시 중국 사람들은 나무로 된 손잡이에 천연 명주실로 솔을 엮어서 사용했어요. 이 칫솔은 그 후 유럽으로 전해졌는데, 칫솔에 보석 장식까지 해서 목에 걸고 다니는 사람도 있었답니다.

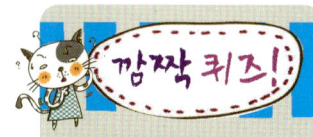

깜짝 퀴즈!

다음 중 옛날 사람들의 이 관리 비법이 아닌 것은?

① 나뭇가지를 가늘게 잘라 이쑤시개로 사용했어요.
② 소금을 손가락에 묻혀 이를 닦았어요.
③ 설탕물로 헹구었어요.

답_ 윌리엄 애디스

과학 3

휴대 전화를 처음 만든 나라는?

 무전기 같은 휴대 전화

최초의 전화기

최초의 전화기는 1976년 벨이 발명했다고 기록되어 있지만 원래는 그레이라는 발명가가 먼저 발명했어요. 그런데 벨보다 2시간 늦게 특허권 신청을 하는 바람에 그레이는 최초의 전화기 발명가라는 명예를 놓쳤답니다.

최초의 휴대 전화는 1983년 미국 '모토로라'에서 만들었는데, 1988년 우리나라에서 팔릴 당시 가격이 240만 원이나 되었답니다. 누구나 사용하기에는 너무 부담스러운 가격이었지요.

최초의 휴대 전화는 지금과 모양이 많이 달랐어요. 무게가 1.3kg이나 나갈 정도로 크고 무거웠어요. 게다가 10시간을 충전해도 고작 30분밖에 사용할 수 없었어요.

휴대 전화의 발명은 사람들의 생활에 큰 변화를 가져왔어요. 예전엔 유선 전화만 있었기 때문에 반드시 전화기 앞에서만 통화해야 했어요. 이동하면서 전화 통화를 하는 일은 상상도 할 수 없었어요.

그러다 전선을 통하지 않고 무선 신호를 이용해 메시지를 전달하는 휴대 전화가 발명되면서 사람들은 어디서나 자유롭게 전화 통화를 할 수 있게 되었답니다.

게다가 이젠 전화로 동영상을 주고받고, 음악을 듣고, 심지어 텔레비전 시청까지 가능해진 거예요.

 초소형 컴퓨터, 스마트폰

어디 그뿐인가요? 최근에 등장한 스마트폰은 상상을 초월해요. 최초의 스마트폰은 1993년 미국에서 등장했어요. 이 스마트폰은 매우 놀라운 기능을 갖추고 있었어요. 휴대 전화의 기능에 주소록, 세계 시각, 계산기, 메모장, 전자 우편, 팩스, 오락까지 할 수 있었어요. 버튼 없이 터치스크린만으로 말이에요.

* 스마트폰

휴대 전화에 인터넷 통신 등의 컴퓨터 지원 기능을 추가한 단말기. 최근 출시된 스마트폰은 휴대형 컴퓨터라고 해도 될 만큼 기능이 뛰어나요.

답_ 미국

과학 4

가정용 냉장고는 언제 등장했어?

 가정용 전기냉장고

　가정용 전기냉장고는 1913년경 미국에서 처음 등장했어요. 항상 섭씨 3~8도를 유지하는 냉장고 덕분에 사람들은 더운 여름날에도 음식을 신선하게 보관할 수 있게 되었어요.
　얼마 후 냉동고도 발명되면서 얼음을 만들고 보관하는 일도 가능해졌답니다.
　그럼 냉장고가 발명되기 전, 사람들은 어떤 방법으로 음식을 신선하게 보관했을까요?
　추운 지역에 사는 사람들은 눈이나 얼음을 이용했어요. 얼음 밑에 고기를 묻어 두고 필요한 만큼씩 꺼내다 요리해 먹었어요.
　고대 로마 인들은 음식을 얼리면 오랜 시간 보관할 수 있다는 사실을 깨달았어요. 그래서 겨울에 음식을 꽁꽁 얼려서 서늘한 동굴에 두고 먹기도 했어요. 우리나라도 신라 시대부터 석빙고라는 얼음 창고를 만들어 음식을 보관했답니다.

＊석빙고
현재 우리나라에는 경주, 안동, 창녕, 청도, 달성 등에 보물로 지정된 석빙고가 있어요. 모두 조선 시대에 만들어진 것이에요.

현대로 오면서 냉장고는 아주 다양해졌어요. 크기나 모양, 기능이 상상을 초월해요. 김치를 맛있게 보관해 주는 김치 냉장고가 등장하고, 반찬 냉장고, 육수 냉장고 등이 만들어졌어요. 화장품을 보관해 두는 화장품 냉장고도 출시되었고, 와인을 보관하는 와인 냉장고도 큰 인기를 얻고 있어요. 냉장고가 다양하게 활용되기 시작한 거예요.
앞으로는 또 어떤 특별한 냉장고가 만들어질까요?

* 우리나라에서 만든 최초의 전기냉장고

1965년 LG전자(당시는 금성)에서 처음 전기냉장고가 생산되었어요. 당시 이 냉장고는 '눈표 냉장고'라는 이름으로 출시되었답니다.

우리나라 석빙고의 원리

우리나라의 석빙고는 바깥 온도에 영향을 받지 않고 실내 온도를 일정하게 유지할 수 있었어요. 바로 다음과 같은 원리로 지었기 때문이에요.

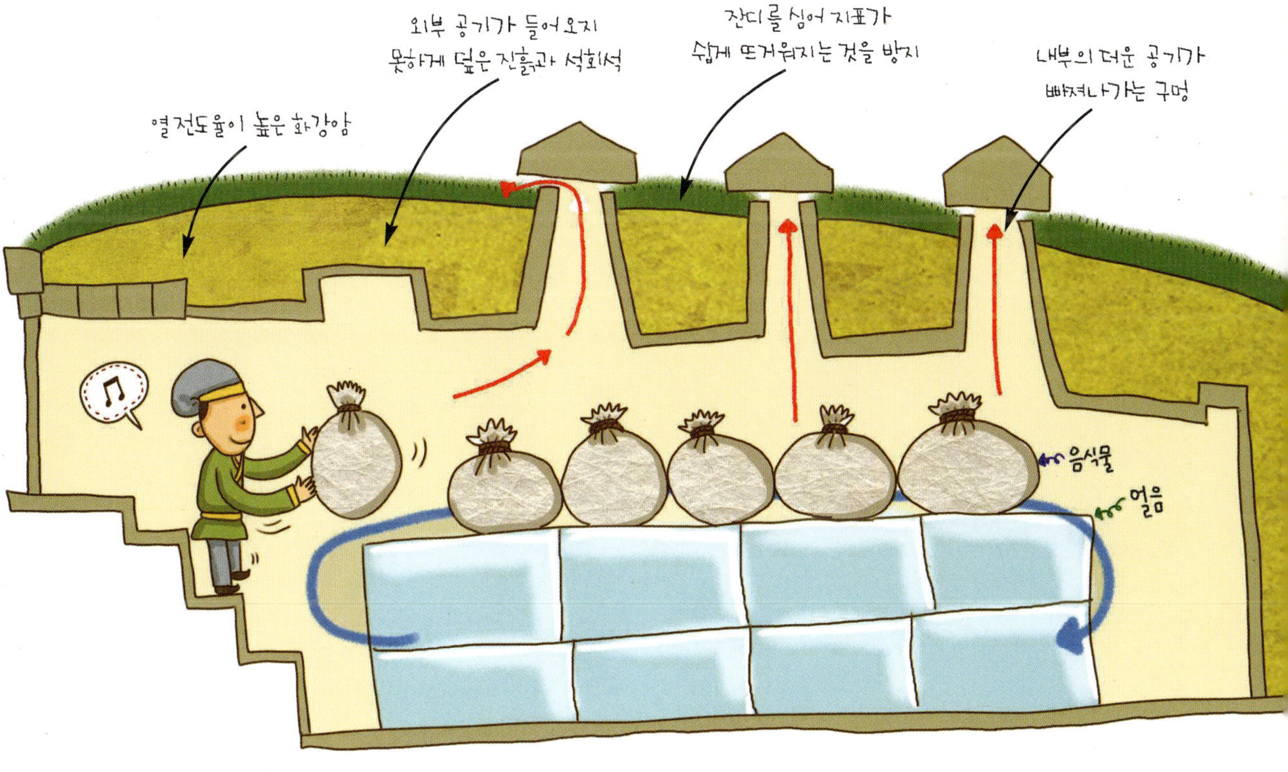

- 열전도율이 높은 화강암
- 외부 공기가 들어오지 못하게 덮은 진흙과 석회석
- 잔디를 심어 지표가 쉽게 뜨거워지는 것을 방지
- 내부의 더운 공기가 빠져나가는 구멍
- 음식물
- 얼음

답_ 1913년 미국

과학 5. 텔레비전을 발명한 사람은?

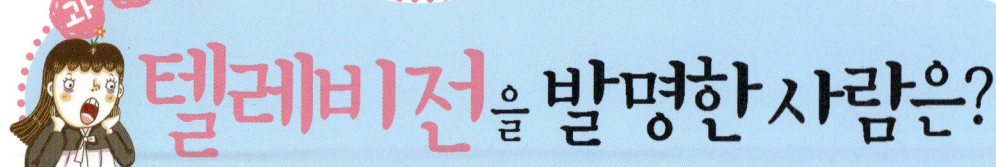

 **텔레비전의 발명**

텔레비전은 1925년 **존 베어드**에 의해 발명되었어요. 당시 베어드는 못 쓰는 가구에 기계를 조립해서 텔레비전을 만들었어요. 작은 화면이 달린 가구 같았는데, 사용하기에 좀 불편했어요.

그 후 러시아 출신의 미국 학자 **블라디미르 코스마 즈보리킨**에 의해 전자식 텔레비전이 개발되면서 텔레비전은 대중에게 사랑받는 가전제품으로 자리 잡았어요.

당시 텔레비전은 무척 값비싼 제품이어서

집집마다 소중하게 다루었어요. 문이 달린 텔레비전 보관용 가구까지 생겨날 정도였답니다.

 ## 안방극장의 시대

우리나라에 처음 텔레비전이 보급될 당시엔 재미있는 상황이 펼쳐지기도 했어요.

"사람이 저 박스 안에 들었나 보네. 이것 보시오! 이리 나와 보시오!"

텔레비전에 등장한 배우들을 향해 이렇게 소리치는 사람들이 있었거든요. 어디 그뿐인가요? 텔레비전이 워낙 비싸던 때라, 어떤 집에서 텔레비전을 사면 마을 사람들 모두 그 집으로 구경을 갔어요.

"하룻밤 보는 데 10원이야. 텔레비전을 보려거든 돈 내고 봐."

텔레비전을 가진 집에서는 텔레비전 보는 값을 받기도 했지요. 그야말로 안방극장이 만들어졌던 거예요.

그런데 당시 텔레비전은 흑백텔레비전이었어요. 1954년 처음 컬러텔레비전이 등장했는데, 우리나라에는 1970년대 말경에 들어왔답니다.

> * **블라디미르 코스마 즈보리킨**
> 1924년 브라운관을 이용해 전자식 텔레비전을 개발했어요. RCA라는 회사는 앞으로 모든 가정에 텔레비전이 보급될 것이라고 내다보고 즈보리킨에게 아낌없이 투자했어요.

답_ 존 베어드

과학 6

최초의 컴퓨터 이름은 뭐야?

 어마어마한 크기의 에니악 컴퓨터

＊에니악(ENIAC)
미국 펜실베이니아 대학에서 만든 세계 최초의 전자식 컴퓨터. 어마어마한 크기여서 불편한 점이 많았지만, 기존의 기계식보다 계산 속도가 1,000배나 빨랐어요.

최초의 전자식 컴퓨터는 1946년 미국에서 발명한 에니악이에요. 처음 컴퓨터가 개발된 이유는 복잡한 계산을 빠르고 쉽게 하기 위해서였어요. 에니악은 실제로 계산 능력이 놀라울 정도였어요.

하지만 에니악에는 결점이 많았어요. 가장 큰 결점은 엄청나게 큰 덩치였어요. 지금의 컴퓨터와는 비교할 수 없을 정도로 컸거든요. 두께가 0.9m에, 길이 26m, 높이 2.6m, 무게는 무려 30톤이나 되었어요. 웬만한 사무실 하나를 다 채우는 크기였던 거예요.

덩치가 크다 보니 전력 소비량도 상상을 초월했어요. 컴퓨터가 작동할 때 내뿜는 열도 어마어마했고요. 게다가 고장도 잦았어요. 이러니 덩치가 작고, 전력 소비량도 적은 컴퓨터 개발이 시급할 수밖에요.

개인용 컴퓨터의 등장

과학자들은 에니악의 이런 단점을 개선하기 위해 연구를 계속했어요. 그 결과 30년도 지나지 않아 최초의 개인용 컴퓨터를 개발하게 되었어요.

개인용 컴퓨터는 1977년 애플 사에서 만들어 널리 사용하기 시작했는데, 마이크로프로세서 칩을 사용하는 컴퓨터였어요. 마이크로프로세서 칩은 연산 장치와 중앙 처리 장치 기능을 작은 칩 속에 넣은 거예요. 이 칩 덕분에 컴퓨터 크기는 작아질 수 있었고, 속도도 매우 빨라졌어요.

최초의 컴퓨터는 수치 계산을 위해 발명되었지만, 지금의 컴퓨터는 문서 작업과 디자인, 인터넷 통신은 물론, 음악 감상과 텔레비전 시청까지 가능할 정도로 만능 시스템을 갖추었답니다.

＊개인용 컴퓨터 (Personal Computer)
우리가 일반적으로 PC라고 하는 컴퓨터 모델이에요. 가정이나 사무실에서 누구나 쉽게 사용할 수 있도록 소형으로 만든 거예요.

＊최초의 컴퓨터 바이러스
최초의 컴퓨터 바이러스는 1986년 파키스탄에서 발견된 '브레인 바이러스'예요. 파키스탄 사람인 알비 형제가 자신들이 만든 프로그램이 불법 복사되는 것을 처벌하기 위해서 컴퓨터 바이러스를 만들었어요.

뜨거워 죽겠어요. 이러다 폭발할지도 몰라요.

크기도 너무 크고 전기 소모가 많군. 좋은 방법이 없을까?

답_ 에니악

과학 7

세계 최초의 우주인은 누구야?

 최초의 우주인 유리 가가린

*****유리 가가린**
러시아의 우주 비행사. 1961년 4월 12일 보스토크 1호를 타고 인류 최초로 우주 비행에 성공했어요. 1968년 비행 훈련 중 추락하여 안타깝게 목숨을 잃었어요.

    최초의 우주인은 우주 비행사 가가린이에요. 그는 1961년 구소련의 로켓인 보스토크 1호를 타고 우주로 날아갔어요. 보스토크는 러시아 어로 '동방'이라는 뜻으로, 이 로켓은 한 사람만 탈 수 있었어요. 우주로 날아간 가가린이 지구에 맨 처음 전한 말은 다음과 같았어요.
    "우주는 아주 고요하고, 지구는 푸른빛이다."
    그 후 가가린의 이 말은 세계적인 유행어가 되었어요.
    가가린은 1시간 29분 만에 지구를 일주하고 무사히 지구 대기권 안으로 돌아왔어요. 그리고 초대형 낙하산을 이용해서 바다에 착륙함으로써 우주 비행을 성공적으로 끝냈어요.

최초로 우주여행을 한 개 라이카

그럼 가가린은 지구에서 우주로 날아간 최초의 생명체였던 걸까요?

아니에요. 그전에 이미 '라이카'라는 개가 우주로 날아갔어요. 1957년 11월, 소련은 스푸트니크 2호를 발사했는데, 그 속에 라이카를 실어 보냈던 거예요. 라이카는 우주에서도 생명체가 살 수 있다는 사실을 증명해 주었어요.

하지만 발사 6일 만에 기계가 고장 나면서 산소 공급이 중단되었어요. 라이카는 결국 우주에서 죽고 말았어요. 우주에서 인간을 위해 희생된 최초의 생물이었지요.

2008년 4월 우리나라에서도 우주인이 탄생했어요. 대한민국 사람으로는 처음으로 우주 비행에 참가한 이소연은 국제 우주 비행장에서 11일간 머물고 돌아왔어요. 이로써 우리나라는 세계 35번째 우주인 보유국이 되었답니다.

*이소연
한국 최초의 우주 비행 참가자. 전 세계적으로는 475째, 여성으로는 49번째 우주인이며, 역대 3번째로 나이가 적은 여성 우주인으로 기록되었어요.

지구가 이렇게 아름답다니! 우주여행 오길 잘했어!

답_ 가가린

최초의 로봇은 이름이 뭐야?

일만 하는 최초의 로봇

* 유니메이트

1961년 미국의 조셉 엥겔버거 박사가 개발한 공장용 팔 로봇.

최초의 로봇 이름은 유니메이트예요. 미국 과학자들이 1961년에 만들었어요.

당시 로봇은 사람의 형상이 아니었어요. 용접 일을 하는 데에 활용되는 공장용 팔 로봇이었기 때문에 인간의 팔 모양만을 본 딴 모습이었지요. 한곳에 붙박혀 일만 하는 기계에 불과했던 거예요.

1999년 일본에서 생산된 로봇은 그 모습과 기능이 완전히 달라졌어요. '아이보'라고 불린 이 로봇은 인공 지능을 가진 애완견 로봇이었어요. 아이보란 인공 지능을 뜻하는 AI(Artificial Intelligent)와 로봇(Robot)의 BO로 만든 합성어예요.

머리와 가슴, 팔다리까지 갖춘 이 로봇은 계단 오르기를 하며 공을 찰 수 있었어요. 또 인공 지능을 갖춘 덕분에 보고, 듣고, 촉감도 느낄 수 있었답니다.

* '로봇'이라는 단어의 탄생

처음 '로봇'이란 말을 쓴 사람은 체코 작가인 카렐 차페크예요. 그는 1920년 《로봇》이란 책을 발표했는데, 책 속에서 로봇은 '일하는 기계'라는 의미로 사용되었어요. 그리고 40년 후 드디어 상상 속의 로봇이 현실에 등장했답니다.

 사람 같은 로봇

2000년에는 더욱 발전한 로봇이 등장했어요. 영국에서 만든 이 로봇은 사람처럼 음식물을 먹고 소화시켜 에너지를 얻으며 움직였어요. 뿐만 아니라 몸속에 있는 컴퓨터가 뇌의 역할까지 했어요. 사람에 버금가는 판단력을 가진 로봇이에요.

로봇은 지금도 엄청나게 발전하고 있어요. 공상 과학 영화를 보면 사람보다 똑똑한 인공 지능 로봇이 많이 등장하죠? 이런 로봇이 곧 현실에서도 등장할 거예요.

답_ 유니메이트

과학 교과서에서 쏙쏙 뽑은 시작 사전

📖 최초의 바퀴

고대 메소포타미아 인들은 토기를 만들 때 쓰는 회전판에서 아이디어를 얻어 바퀴를 만들어 냈어요. 그때부터 수레엔 네 개의 바퀴가 달렸어요. 바퀴가 발명된 후 자연스럽게 수레, 마차, 자동차 등의 교통수단이 발달하면서 인간은 어디든 자유롭게 이동할 수 있게 되었어요.

📖 최초의 전자 우편

전자 우편, 즉 이메일을 주고받는 시스템은 1972년 레이 톰린슨에 의해 개발되었어요. 1971년 두 컴퓨터 사이에서 이메일을 주고받을 수 있는 시스템을 개발했고, 이듬해에 최초의 이메일을 보냈어요. @이라는 기호를 사용하는 이메일 주소를 개발한 사람도 레이 톰린슨이에요.

📖 최초의 엘리베이터

최초의 엘리베이터는 화물용 엘리베이터였어요. 1852년 미국의 엘리샤 오티스가 무거운 짐을 들어올리기 위해 만들었지요. 이 엘리베이터가 승객 전용으로 응용되기 시작한 것은 1857년경부터였어요. 우리나라 최초의 엘리베이터는 1940년대 서울 화신백화점에 설치되었는데, 시골에서 구경하러 올 정도로 신기한 물건이었어요.

📖 맨 처음 행성을 발견한 사람

하늘에서 처음 행성을 찾아낸 사람들은 수메르 인과 고대 이집트 인들이었어요. 그들은 눈으로 확인할 수 있는 다섯 개의 별을 찾아내고는 별 각각에 이름을 붙였어요. 그리스 신화 속 신들의 이름을 따서 수성, 금성, 화성, 목성, 토성이라고 지었답니다.

📖 최초의 현미경

현미경을 발명한 사람은 네덜란드의 얀센이에요. 원래 얀센이 만들려고 했던 것은 질 좋은 돋보기였어요. 돋보기를 연구하다 보니 현미경이라는 새로운 도구가 발명된 거예요. 현미경은 오늘날 과학 기술 발달에 큰 영향을 미쳤어요.

최초의 지하철

지하철을 발명한 사람은 영국의 찰스 피어슨이에요. 그는 두더지 굴에서 지하철의 힌트를 얻었어요. 피어슨이 살던 런던은 길이 좁아서 늘 복잡했어요. 그 해결책을 고민하던 피어슨은 땅속에 길을 만드는 방법을 떠올렸어요. 처음엔 미친 사람으로 취급받았다가 1850년대 초 드디어 전기로 가는 지하철이 운행하게 되었답니다.

하늘을 나는 최초의 기구

프랑스의 조제프 몽골피에는 벽난로 앞에서 천을 말리다가 뜨거운 공기에 천이 뜬다는 사실을 알아냈어요. 그는 곧 커다란 덮개를 만들어 그 밑에 불을 피워 본 후, 하늘을 나는 기구를 발명했어요. 1783년 11월, 몽골피에 형제를 태운 이 기구는 26분 동안 프랑스 파리의 하늘을 날았답니다.

최초의 세탁기

최초의 세탁기는 1851년 미국 제임스 킹이 발명한 것으로, 오늘날 드럼 세탁기의 원조라고 볼 수 있어요. 그 후 1874년 윌리엄 블랙스톤이 아내를 위해 가정용 세탁기를 만들었는데, 킹의 세탁기와 큰 차이는 없었어요. 세탁기는 여성들의 가사 부담을 덜어 준 위대한 발명품으로 인정받고 있답니다.

최초의 접착테이프

흔히 말하는 셀로판테이프는 1930년에 발명되었어요. 미국 3M 사에서 최초로 만들었어요. 하지만 당시 셀로판테이프는 투명 상태가 아니었어요. 완전히 투명한 셀로판테이프가 생산되기 시작한 것은 1960년부터예요.

최초의 우주선

최초의 우주선은 스푸트니크 1호예요. 구소련의 우주선으로 1957년에 발사되었지요. 당시 우주 개발을 시작한 쪽은 미국이었지만 소련이 먼저 우주여행을 성공시키면서 미국은 자존심에 큰 타격을 입었답니다.

사람이 그린 최초의 그림은 멜까?

난 노래 부르는 거랑 그림 그리는 거 정말 좋아해!

라스코 동굴 벽화

＊라스코 동굴 벽화
구석기 후기의 벽화가 있는 석회암 동굴로 1940년 우연히 발견되었어요. 1979년 유네스코 세계 문화유산으로 등재되었어요.

　지금까지 발견된 가장 오래된 그림은 프랑스의 라스코 동굴 벽화예요. 선사 시대 사람들이 자신이 살던 동굴 벽에 그린 그림이지요. 라스코 동굴 벽화에는 말, 사슴, 들소, 황소, 새 등 수많은 동물이 그려져 있어요. 당시 사람들이 사냥하는 모습을 그린 거예요.
　라스코 동굴 벽화는 선사 시대 사람들의 생활을 연구하는 데 필요한 중요한 단서예요. 그림을 통해 당시 살았던 동물이나 식물, 사람들이 사용하던 도구나 의식주 생활 등을 짐작할 수 있으니까요.

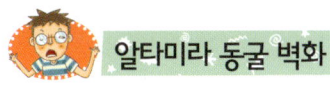 **알타미라 동굴 벽화**

라스코 동굴 벽화와 함께 고대 벽화 중 최고 작품으로 꼽히는 것이 1879년 에스파냐에서 발견된 알타미라 동굴 벽화예요.

알타미라 동굴 벽화는 대부분의 그림이 천장에 그려져 있어요. 매머드, 순록, 들소, 사슴 등이 생동감 있게 그려져 있지요. 이 벽화를 통해 당시 사람들의 수렵 방법이나 무기 사용법, 신앙 등의 정보를 얻을 수 있기 때문에 '구석기 시대의 박물관'이라고 불려요.

알타미라 동굴은 작품성이 뛰어난 그림으로도 유명해요. 알타미라 최고의 벽화는 '상처 입은 들소'라는 그림인데, 죽기 직전의 들소가 실감 나게 표현되어 있어요. 눈앞에서 진짜 소가 죽어 가는 것처럼 느껴질 정도랍니다.

＊알타미라 동굴 벽화
길이 약 270m의 구석기 시대 동굴. 1879년 사우투올라가 발견했어요. 1985년 세계 문화유산으로 지정되었어요.

답_ 프랑스의 라스코 동굴 벽화

미술·음악 ②
유화물감은 누가 처음 만들었지?

물과 기름의 만남

유화 물감은 15세기 네델란드 화가 **얀 반 에이크**가 발명했어요.

당시 북유럽에서는 시멘트와 모래를 섞은 모르타르를 벽면에 바르고, 수분이 있는 동안 채색하여 완성하는 프레스코화가 유행했어요.

＊얀 반 에이크
유럽 북부 르네상스 미술을 꽃피운 네델란드 화가. 색채 가루에 계란을 섞던 기존의 방법에서 벗어나 기름을 섞는 유화 기법을 발명했어요.

그런데 북유럽의 날씨가 너무 춥다 보니, 벽이 쩍쩍 갈라졌어요. 게다가 그림을 다 그리기도 전에 수분이 말라 버려서 그림을 완성할 수가 없었어요.

"건조한 날씨에도 갈라지지 않는 물감은 없을까?"

얀 반 에이크는 고민에 빠졌어요. 날씨 탓에 늘 그림이 갈라져 버렸거든요. 북유럽 날씨에 적합한 물감을 만들겠다고 결심한 그는 특별한 방법을 생각해 냈어요.

"그래! 기름을 넣는 거야. 그럼 물감이 갈라지지 않을지도 몰라."

이렇게 탄생한 것이 유화 물감이에요.

* **크레용의 탄생**
최초의 크레용은 1790년 프랑스의 니콜라스 콩테가 만들었어요. 당시 그가 만든 크레용을 사람들은 '콩테 크레용'이라고 불렀어요.

 유화 물감과 르네상스

유화 물감의 등장은 미술사의 중대한 사건 중 하나예요. 한 번 칠하면 절대 고칠 수 없는 프레스코 화와는 달리 유화는 수십 번 고칠 수 있고, 덧칠도 가능하다 보니 그림의 완성도를 높일 수 있었어요. 유화 물감은 네델란드뿐만 아니라 전 유럽 르네상스의 미술 발전에 큰 영향을 끼쳤어요.

그런데 유화가 기원전 1300년경부터 이집트 인들에 의해 그려졌다는 의견도 있어요. 당시 이집트 인들은 기름에 나뭇진을 녹여서 벽화를 그렸는데, 그것을 최초의 유화로 본 거예요. 하지만 현재 우리가 사용하는 형태의 유화 물감은 얀 반 에이크의 유화 물감이 최초예요.

답_ 얀 반 에이크

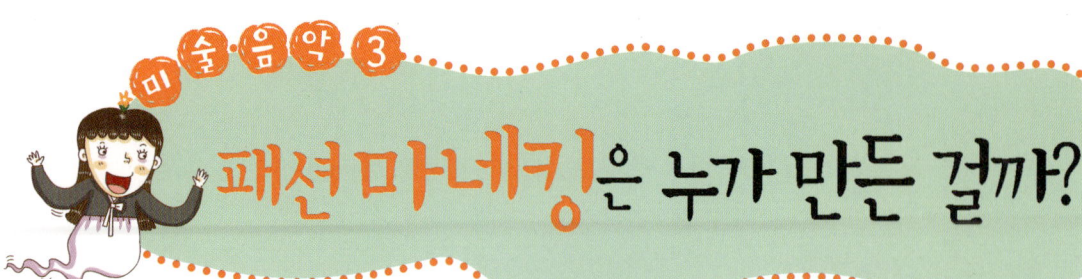

패션 마네킹은 누가 만든 걸까?

파리의 패션 마네킹

최초의 마네킹은 프랑스에서 등장했어요. 1860년경 영국인 찰스 프레드릭 워스가 프랑스 파리에서 패션 마네킹을 처음 만들어 냈어요.

당시 프레드릭은 파리에 자신의 옷 가게를 열었는데, 사람들이 자신이 만든 옷에 관심을 갖게 할 특별한 방법이 필요했어요. 거리를 지나가는 사람들은 프레드릭의 옷 가게에 무슨 옷이 있는지 알 수 없었고, 그러다 보니 옷도 잘 팔리지 않았거든요.

"안 되겠군. 모델을 이용해서 옷을 광고하자."

프레드릭은 모델에게 자신이 디자인한 옷을 입혀서 사람들의 시선을 끌었어요.

하지만 모델을 이용하는 건 쉬운 일이 아니었어요.

***찰스 프레드릭 워스**
프레드릭은 자신이 직접 디자인한 옷을 직원에게 입힌 뒤 손님에게 보여 주어서 큰 인기를 끌었어요. 이것이 최초의 패션쇼예요.

사람이 하루 종일 창문 앞에 꼼짝않고 서 있어야 했으니까요. 모델료도 만만치 않았어요. 고민 끝에 프레드릭은 좋은 생각을 해냈어요.

"아하! 인형을 만들어 세우는 거야."

패션 마네킹은 이렇게 해서 탄생했답니다.

 **마네킹의 종류**

마네킹이란 인체 모형을 일컫는 말이에요. 보통 마네킹이라고 하면 쇼윈도 상점 안에 진열된 패션 마네킹을 말하지만, 미술가용 모델 인형이나 의사가 사용하는 인체 모형도 마네킹에 속해요.

*과학 발전을 위한 마네킹!

자동차 안전 테스트를 실험할 때도 마네킹이 쓰이는데, 특별히 이런 마네킹은 '더미(dummy)'라고 해요. 성인 남성을 대신하는 더미는 보통 178cm의 키에, 몸무게는 78kg이에요. 신체 각 부위에 센서를 부착해서 충돌할 때 받는 충격을 체크하는 거예요.

"마네킹이 모델보다 더 멋지고 편하군."

"마네킹한텐 못 당하겠군."

답_ 찰스 프레드릭 워스

미술·음악 4
최초의 피리는 무엇으로 만들었을까?

동물 뼈로 만든 피리

* 피리
피리는 속이 빈 대에 하나 이상의 구멍을 뚫어 만든 악기를 통틀어 이르는 말이에요.

피리라는 악기는 멀고 먼 옛날부터 사용되었어요. 원시인들이 즐겨 부는 악기였지요.

그런데 원시인들은 딱히 피리를 만들 필요가 없었어요. 사방에 널린 나무와 동물 뼈가 바로 피리였으니까요.

그럼 피리는 어떻게 탄생했을까요?

"어라? 요 뼈는 모양새가 길쭉하니 아주 예쁘네. 내가 가져야지. 근데 요걸로 뭘 만들어 볼까?"

어느 날, 원시인 중 한 명은 주운 뼈를 요리조리 굴려 보다가 신기한 현상을 발견했어요.

"삑!"

구멍이 뚫린 뼈를 불어 보니 뼈에서 맑은 소리가 흘러나온 거예요.

"헉! 소리 나는 뼈네. 뼈에 구멍을 뚫어 볼까?"

그래도 소리가 날까?"

구멍이 뚫린 뼈에선 더욱 예쁜 소리가 났어요.

"우와! 구멍을 여러 개 뚫으면 더 예쁜 소리들이 날 거야."

이렇게 해서 구멍 뚫린 피리가 등장했어요.

 뼈로 만든 악기

뼈로 만든 악기는 피리 외에도 많아요. 옛날 몽골이나 티베트에서는 죽은 사람의 해골과 뼈로 악기를 만들었어요. '야산갈링'과 '로캉클링'이라는 악기는 사람의 무릎뼈로 만든 것이에요. 이 악기들은 죽은 이의 영혼을 달래 줄 때 연주하는 것으로, 장례식 때 주로 사용한답니다.

안데스 지방에는 케나라는 피리가 있어요. 이 악기에는 슬프고도 으스스한 전설이 담겨 있어요. 케나를 처음 만든 사람은 젊은 청년이었는데, 그는 사랑하는 연인이 죽자 너무 슬펐던 나머지 연인의 무덤에서 정강이뼈를 찾아 악기로 만들었다고 해요.

* 케나

요즘엔 사람 뼈가 아니라 대나무를 비롯한 나무로 만들어요. 구멍은 앞에 6개, 뒤에 1개가 나 있어요. 특이하게도 안데스 지방에서는 남자만 케나를 불 수 있어요.

답_ 동물의 뼈

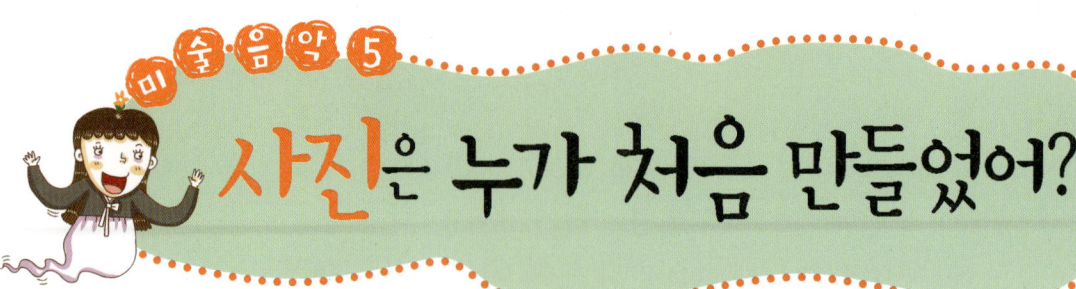

미술 음악 5
사진은 누가 처음 만들었어?

8시간이나 걸린 사진술

* 니에프스

1826년 세계 최초로 사진 촬영에 성공했어요. 아래와 같은 희미한 사진을 찍는 데 8시간이나 걸렸어요.

　최초의 사진술은 니에프스에 의해 발명되었어요. 니에프스의 사진술은 금속판 위에 풍경을 담는 장치였어요. 그런데 이 장치는 한 장면을 찍는 데 무려 8시간이나 걸렸고, 사진도 선명하지 않았어요.
　니에프스는 다게르라는 사람과 함께 더 좋은 사진술을 연구하기 시작했어요. 프랑스 화가 다게르도 한순간의 아름다운 풍경을 영원히 보관할 수 있는 방법을 찾고 있었어요. 당시엔 풍경을 담을 수 있는 방법이 그림뿐이었는데, 그림을 완성하는 데는 시간이 너무 많이 걸렸거든요.
　"우리 힘을 모아 보세. 이 아름다운 풍경들을 제대로 담아 낼 수 있는 기구를 꼭 만들어 보자고."
　니에프스와 다게르는 단단히 결심을 했어요.
　하지만 뜻하지 않은 사건이 벌어졌어요. 니에프스가 도중에 죽고 만 거예요. 다게르는 좌절했지만 니에프스를 생각하며 힘을 냈어요.

"니에프스를 위해서라도 꼭 성공시켜야 해. 니에프스는 천국에서도 사진만 생각하고 있을 테니까 말이야."

*최초의 컬러 사진

1861년 스코틀랜드 과학자 제임스 클러크 맥스웰에 의해 만들어진 컬러 사진은 니에프스와 다게르가 꿈꾸던 일을 가능하게 했어요. 아름다운 풍경을 실제와 가깝게 담아 낸 거예요.

20분 만에 찍힌 흑백 사진

다게르는 혼자 힘으로 연구를 계속한 끝에 1837년, 마침내 성능 좋은 은판 사진술을 개발했어요. 다게르의 사진술은 사진이 찍히는 시간을 20분으로 줄인 획기적인 것이었어요. 아쉽게도 흑백 사진이었지만요.

그 후에도 사진술은 계속 발전했고, 19세기 말에는 사진술을 응용한 영화까지 만들어졌어요. 1986년엔 레이저를 이용한 입체 영상(홀로그래피)이 발명되더니, 최근엔 컴퓨터를 이용한 3차원 영상까지 등장했답니다.

답_ 니에프스

미술 음악 6
최초의 장편 3D 애니메이션 영화는?

 살아 움직이는 3D 애니메이션

극장에서 상영된 최초의 장편 3D 애니메이션 영화는 《토이 스토리 1》이에요. 이후, 3D 애니메이션이 붐을 이루며 《토이 스토리 2》, 《몬스터 주식회사》, 《슈렉》 등의 영화가 줄줄이 만들어졌어요. 3D 애니메이션 영화가 영화계 흐름으로 자리 잡고 있는 셈이지요.

애니메이션이란 '움직이지 않는 그림에 생명을 불어넣는다'는 뜻으로, 만화 영화를 가리키는 말이에요. 초기 2D 애니메이션 작품들은 배경에 그림을 그려 움직이게 하는 방법으로 만들어졌어요.

그러다가 모든 작업을 컴퓨터 프로그램으로 처리하는 애니메이션이 등장하면서 3차원의 3D 애니메이션이 등장하게 된 거예요.

2D 애니메이션 영화와 3D 애니메이션 영화의 차이가

* 3D와 2D의 차이
3D란 '3 Dimension'의 약자로 3차원으로 만들어진 컴퓨터 그래픽을 말해요. 그래서 입체적이고 더 현실감이 느껴지지요. 반면 2D는 평면으로, 종이에 그려진 그림 같은 거예요.

* 3D 텔레비전
3D 영화가 계속 만들어지면서 3D 텔레비전도 출시되었어요. 3D 텔레비전도 특수 안경을 쓰고 봐야 해요. 하지만 장시간 시청할 경우 두통이나 어지럼증이 생길 수 있으므로, 주의해야 해요.

뭐냐고요?

   2D 애니메이션 영화는 화면이 평면적이지만 3D 애니메이션 영화는 입체적이에요. 그래서 마치 영화 속 배경이나 등장인물들이 실제로 관객의 눈앞에서 살아 움직이는 듯한 느낌을 주지요.

*4D 영화

3D 영화가 입체 영상에 머문 반면, 4D 영화는 진동, 바람, 촉각, 향기 등을 느낄 수 있게 만들어졌어요. 영화 속에서 말을 타는 장면이 나오면 의자를 흔들리게 해서 관객이 진짜 말을 타는 것처럼 느끼게 하는 거예요.

 **3D 영상의 원리**

   3D 영상은 입체 카메라로 만들어져요. 입체 카메라는 2개의 촬영용 렌즈를 설치한 뒤 같은 물체나 사람을 동시에 촬영해서 2개의 화면을 잡아 내는 특수 카메라예요. 이 카메라로 찍은 영상을 특수 안경(stereo viewer)으로 보면 화면이 입체감 있게 보여요. 이런 이유로 3D 영화를 볼 때 반드시 3D 안경을 써야 하는 거예요.

답_ 《토이 스토리 1》

미술 음악 7 음계는 누가 처음 만들었어?

* 구이도 다레초
중세 이탈리아의 음악 이론가. 음계와 음표, 보표선 등을 체계적으로 정리하여, 누구든 악보를 보고 음악을 연주하거나 노래 부를 수 있도록 했어요.

* 우리나라의 전통 음계
국악의 한 음역(옥타브) 안에는 12음이 있어요. 이것을 12율이라 하는데, 12율에는 각각 고유의 이름이 있어요. 황종, 대려, 태주, 협종, 고선, 중려, 유빈, 임종, 이칙, 남려, 무역, 응종이 그것이지요.

윗레미파솔라 음계

'도레미파솔라시' 음계는 이탈리아의 음악 선생님 **다레초**가 만든 거예요. 다레초는 중세의 전설적인 음악 이론가로, 음악의 대중화를 위해 많은 노력을 기울였어요.

발명 당시 다레초의 음계는 현재와 조금 달랐어요. '도, 레, 미, 파, 솔, 라, 시'가 아니라, '윗, 레, 미, 파, 솔, 라'로 된 여섯 개 음계였거든요.

당시 다레초는 세례 요한의 찬가 첫 구절에서
첫 음절만을 따 음표 이름을 만들었다고 해요.

Ut Queant laxis 당신의 종들이 ➡ 웃(Ut)
Resonare fibris 자유로이 찬양할 수 있도록 ➡ 레(Re)
Mira gestorum 기적을 행하시는 ➡ 미(Mi)
Famuli tuorum 당신의 역사로써 ➡ 파(Fa)
Solve polluti 정결케 하소서 모든 흠결을 ➡ 솔(Sol)
Labii reatum 그들의 더러운 입술로부터 ➡ 라(La)

 도레마파솔라시 음계

그럼 지금과 같은 음계가 완성된 건 언제일까요?
'웃'이 '도'로 바뀐 것은 1673년이에요. 작곡가 조반니 마리아 보논치니가 '도'를 처음 사용했어요. 17세기엔 '시'가 등장해서 지금과 같은 음계가 확정되었답니다.
현재 사용되는 콩나물 모양의 음표도 예전에는 사각형이나 마름모꼴의 형태였는데, 다레초를 비롯한 음악 이론가들이 정리한 끝에 지금의 모양이 되었답니다.

답_ 다레초

최초의 오디오 CD는 언제 만들어졌어?

 축음기의 탄생

"저 사람은 노래를 너무 잘 부르네. 저 노랫소리를 어디엔가 담아 둘 수만 있다면 얼마나 좋을까? 그럼 듣고 싶을 때마다 다시 들을 수 있을 텐데."

언제부턴가 사람들은 이런 생각을 하기 시작했어요. 그래서 녹음 음향 기기가 등장하게 되었지요.

최초로 음악을 담은 기구는 축음기였어요. 축음기는 미국의 에디슨과 프랑스의 시인 샤를 크로가 각각 1877년에 발명했어요. 처음 만들어진 축음기에는 진동 막과 주석을 씌운 원통에 바늘을 올려놓았어요. 바늘이 회전하는 원통의 홈을 따라가면서 소리가 재생되는 구조지요. 그래서 덩치가 클 수밖에 없었어요. 요즘 우리가 음악을 들을 때 사용하는 카세트나 오디오, MP3 플레이어와는 비교도 할 수 없는 크기였어요.

＊ 최초의 MP3 플레이어

최초로 MP3 플레이어를 만든 나라는 바로 우리나라예요. 1998년 처음 등장한 MP3 플레이어는 지금보다는 큰 사이즈였어요. 그 후 세계 여러 기업에서 계속 연구한 결과 오늘날과 같이 아주 작은 MP3 플레이어가 등장하게 되었답니다.

콤팩트디스크의 등장

최초의 오디오 CD는 1982년 일본에서 만들어졌어요. CD(콤팩트디스크)란 알루미늄으로 덮인 단단한 플라스틱으로 만든 평평한 원반으로, 주로 녹음된 입체 음향 음악을 저장하는 데 사용돼요. 보통 오디오 CD 한 장에는 80분 분량의 음악을 저장할 수 있어요.

CD가 나오기 전에는 카세트테이프와 LP(Long Playing) 레코드가 음악을 저장하는 도구로 사용되었어요.

 음향 기기의 발달

★ 축음기 → ★ LP 레코드 → ★ 카세트테이프 → ★ CD → ★ MP3 파일

아직도 축음기로 음악을 들을 수 있대.

축음기에선 어떤 소리가 날까?

답_ 1982년 일본

음악·미술 교과서에서 쏙쏙 뽑은 시작 사전

📖 최초의 유성 영화

세계 최초의 영화는 1895년 프랑스 뤼미에르 형제에 의해 상영되었어요. 그때 상영된 10편의 짧은 영상은 동작만 있을 뿐 소리가 나지 않는 무성 영화였어요. 최초의 유성 영화는 1928년 미국에서 상영된 《재즈 가수》예요.

📖 최초의 판화

판화는 종이가 발명되면서 등장했어요. 나무를 이용한 목판화와 돌을 이용한 석판화는 중국에서 처음 고안되었지요. 하지만 금속 판화는 서구 유럽에서 등장했어요. 1499년 피렌체의 보석 세공사인 피니게라가 발명한 구리 판화술이 금속 판화의 시작이랍니다.

📖 최초의 우편엽서

최초의 우편엽서는 1869년 오스트리아에서 발행된 국내용 우편엽서예요. 10월 1일부터 판매를 시작한 이 엽서는 첫 달에 140만 장이나 판매되었는데, 일 년 동안 무려 5,000만 장이나 팔리며 대성공을 거두었어요.

📖 최초의 인형

인형은 선사 시대부터 만들어졌어요. 그래서 인류의 가장 오래된 장난감은 인형이에요. 하지만 현재와 같은 인형이 등장한 시기는 19세기예요. 그전까진 주로 목각 인형이나 천 인형을 만들어 갖고 놀았어요. 전 세계 아이들에게 사랑받는 테디 베어 곰 인형은 1903년 독일에서 만들었어요.

📖 최초의 기타

기타는 기원전 3000년경부터 연주되던 오래된 악기예요. 당시 기타는 몸체가 둥근 타원형에 납작한 모양이었어요. 기타가 대중 음악가들에 의해 사랑받기 시작한 것은 1852년경부터랍니다. 에스파냐 음악가 '타레가'가 기타의 기술과 음색을 확립시켰어요.

📖 최초의 여성 화가

서양 역사상 최초의 여성 화가는 아르테미시아 젠틸레스키예요. 1593년에 태어난 젠틸레스키는 여성에게 보수적이던 당시 이탈리아에서 여성 화가로서 당당히 활동하여 렘브란트, 루벤스 등과 함께 17세기 바로크 미술을 대표하는 화가가 되었어요. 대표작은 〈홀로페르네스의 목을 베는 유디트〉예요.

📖 최초의 오페라

오늘날과 같은 형태의 오페라는 바로크 시대에 등장했어요. 당시 이탈리아에선 4개의 악기만으로 이루어진 음악극 〈다프네〉가 만들어졌는데, 이것이 최초의 오페라로 인정받고 있어요. 하지만 다프네 악보가 남아 있지 않기 때문에 현존하는 가장 오래된 오페라는 페리와 카치니의 〈에우리디체〉로 기록되어 있답니다.

📖 최초의 캐리커처

캐리커처는 고대 그리스·로마 시대부터 그려졌어요. 당시 유적 중 돌조각이나 파피루스에서 익살스러운 동물화가 많이 발견되고 있거든요. 폼페이 유적지에서도 사람이나 어떤 사건을 재미있게 표현한 낙서들이 발견되었답니다. 캐리커처는 '어떤 사람이나 사물의 특징을 잡아 익살스럽게 표현하는 그림이나 문장'을 뜻해요.

📖 최초의 영화 스튜디오

최초의 영화 스튜디오는 미국 뉴저지 주 웨스트 오렌지 가에 세워진 '검은 마리아'라는 건물이에요. 검은 마리아는 1893년 발명왕 에디슨이 연구원들과 함께 만든 스튜디오예요. 건물 전체가 검은색으로 칠해져 있었기 때문에 그런 이름이 붙었어요.

📖 최초의 디지털 카메라

디지털 카메라는 1990년대 말에 등장했어요. 디지털 카메라의 등장은 사진계의 혁명으로 불리는 사건이에요. 디지털 카메라는 전문 사진사가 아니더라도 누구나 손쉽게 사진을 찍고 저장할 수 있는 시대를 만들었답니다.

체육책 펼치는 귀신

체육 1 월드컵 축구는 언제 시작되었지?

잉글랜드의 축구

축구는 14세기경 잉글랜드에서 처음 시작되었어요. 당시 축구는 특별한 규칙 없이 그저 즐기며 노는 경기였어요. 그러다가 19세기에 들어 크게 발전하면서 아웃과 반칙, 킥오프와 오프사이드 등의 까다로운 규칙들이 생겨났어요.

＊킥오프(kickoff)
처음 시합이 시작될 때나 득점을 하여 시합이 재개될 때 중앙선에서 공을 차는 일이에요.

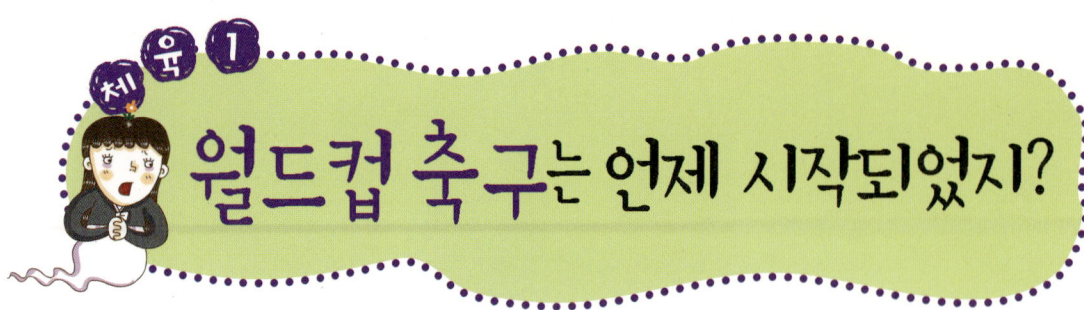

1908년에는 축구가 한 단계 더 발전하는 계기가 있었어요. 런던 올림픽에서 정식 종목으로 인정을 받은 거예요.

그런데 당시 올림픽은 아마추어 선수들을 위한 경기여서 프로 선수들은 참가할 수 없었어요. 올림픽만으로는 세계 최고의 실력을 가진 나라가 어딘지, 누가 최고의 선수인지 결정할 수 없었던 거예요. 이런 이유 때문에 프로 선수들이 참가할 수 있는 세계적인 축구 대회가 필요하다는 주장이 나오기 시작했어요.

그래서 1930년 드디어 월드컵이 개최되었답니다. 제1회 월드컵은 우루과이에서 개최되었고, 총 13개국이 참가했어요.

월드컵의 기상천외한 기록

80여 년의 역사를 지닌 월드컵은 그동안 많은 기록을 남겼어요. 1994년 러시아의 올레그 살린코 선수는 한 경기에서 다섯 골을 넣어 개인 최다 득점왕으로 기록되었어요. 카메룬의 로저 밀라 선수는 1994년 만 42세의 나이로 출전해서 최고령 득점 선수라는 기록을 남겼고요.

＊오프사이드(offside)
상대편 진영에 공보다 먼저 들어가면 반칙이 되는 규칙이에요.

＊재미있는 월드컵 기록
① 최단 시간에 골을 넣은 선수는?
2002년 한·일 월드컵에서 한국 선수를 상대로 경기 11초 만에 골을 넣은 터키의 하칸 수쿠르 선수

② 월드컵 첫 퇴장 선수는?
1930년 페루의 플라시도 갈린도 선수

③ 월드컵 최초 연장전은?
1934년 이탈리아와 체코의 경기

④ 월드컵 첫 부상 교체 선수는?
1930년 프랑스의 알렉스 테포 선수

답_1930년

우리나라 최초의 야구단 이름은?

 4번 타자는 정말 싫어!

"당신은 4번 타자 하시오."
"뭐, 4번 타자? 싫소! '4'는 재수 없는 숫자가 아니오. '죽을 사(死) 자'를 떠올리게 하는 4번은 싫소!"

이게 무슨 대화냐고요? 우리나라 최초의 야구단이 만들어질 당시 감독과 타자가 나눈 대화예요. 상상만으로도 웃음이 터지지요?

우리나라 최초의 야구단은 'YMCA 야구단'이에요. 1905년에 만들어진 이 야구단은 미국 선교사 필립 길레트가 이끌었어요. 당시엔 낯설기만 한 야구 장비들도 모두 길레트가 미국에서 들여온 것들이었어요.

 어설펐던 최초의 야구단

그런데 당시 선수들은 야구에 대한 이해가 부족해서

---

* 필립 길레트
미국 전도사로, 한국 체육의 전도사라 불리며 우리 식 이름은 '길례태'예요. 1905년 황성 YMCA 야구단을 만들고, 이듬해엔 복싱, 1907년엔 농구를 우리나라에 도입했어요.

* 태그
수비수가 타자가 친 공을 잡은 다음 몸을 베이스에 대는 일이에요. 공을 잡은 후 공이나 글러브를 주자에게 대는 것도 태그예요. 이렇게 되면 '아웃'이 선언돼요.

경기가 벌어지는 날이면 배꼽이 빠질 정도로 웃긴 장면들이 벌어지곤 했어요.

수비수가 야구 공으로 주자를 태그해야 할 순간이었는데, 태그를 당해야 할 선수가 냅다 도망을 친 거예요. 그것도 담장 너머 나무 위까지 말이에요. 무조건 도망만 치면 된다고 생각했던 거예요.

우리나라에서 프로 야구단이 창단되고 야구 시대가 열린 것은 1982년이에요. 총 6팀이 참가하여 경기를 치렀답니다.

답_ YMCA 야구단

체육 3 마라톤이 시작된 나라는 어디야?

 필리피데스의 희생

　옛날 아테네 군사들이 페르시아 군과 전쟁을 할 때의 일이에요. 당시 아테네 군사들은 강하지 않은데도 페르시아 군을 물리치고 승리를 거두었어요. 모두 패배할 거라고 예상했던 전쟁이라 그 기쁨은 너무도 컸어요.
　이 소식을 알리기 위해 아테네의 병사 필리피데스가 고국으로 달려갔어요. 40킬로미터가 넘는 먼 길을 단숨에 달린 병사는 목적지에 닿을 무렵, 거의 탈진 상태가 되었어요. 결국 승전보를 전하자마자 병사는 쓰러져 죽고 말았어요.
　이 이야기는 후대에도 널리 알려져 많은 사람들이 감동했어요. 그래서 수천 년 전에 죽은 병사의 장렬한 죽음을 기리는 뜻으로 마라톤 경기가 생겨나게 되었답니다.
　마라톤은 총 42.195km를 달리게 되는데, 이 거리는 1908년 제4회 런던 올림픽 때부터 채택되었어요. 런던의 윈저 궁에서

올림픽 스타디움까지의 거리가 42.195km였어요.

 첫 올림픽 마라톤

마라톤과 관련된 재미있는 일화가 또 있어요.

1896년 첫 올림픽에서 마라톤 경기가 벌어지던 날, 아테네의 한 처녀는 이상한 약속을 했어요.

"이 마라톤에서 우승한 사람이 그리스 인이라면 그와 결혼하겠어요."

그날 경기에선 8등까지의 선수 중 단 한 명만이 그리스 인이 아니었어요. 그런데 그리스 인이 아니라 폴란드 출신의 선수가 1등을 했지 뭐예요.

다행인지 불행인지 몰라도, 그 처녀는 생전 처음 만난 남자와 결혼하지 않아도 되었답니다.

답_ 그리스

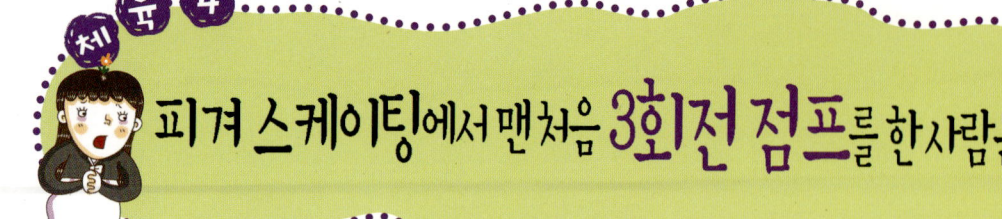

피겨 스케이팅에서 맨 처음 3회전 점프를 한 사람은?

공중 3회전 점프

피겨 스케이팅에서 3회전 점프를 처음 성공시킨 사람은 미국의 딕 버튼이에요. 1952년 동계 올림픽에서 멋진 3회전 점프 실력으로 관객들을 열광시켰어요. 여자 선수로서 3회전 점프를 처음 성공한 사람은 1968년 가비 시버트예요.

* 딕 버튼
1952년 23살의 나이로 동계 올림픽, 세계 챔피언십, 미국 챔피언십에서 모두 금메달을 딴 피겨 스케이터예요. 현재 피겨 스케이팅 해설위원으로 활약하고 있어요.

미끄러운 빙판 위에서 스케이트를 타는 것도 쉽지 않은 일인데, 점프를 하며 공중에서 3회전을 돌다니! 정말 굉장한 일이죠?

피겨 스케이트 선수들이 처음부터 공중회전을 한 건 아니에요. 연습을 하다 보니 점프라는 방법이 생겨났고, 또 공중회전도 가능해진 거예요. 회전 숫자도 처음엔 한 바퀴 반 정도였던 것이 스케이트가 발전하면서 점점 늘어나게 되었어요.

공식적으로 악셀 점프(앞으로 활주를 하다가 뛰는 방법)에서 가장 많이 회전을 한 기록은 3회전 반 바퀴예요. 캐나다의 번 테일러가 처음 기록을 세웠는데, 현재 많은 남자 선수들이 3회전 반 바퀴의 악셀 점프를 성공하고 있어요.

여자 선수로는 일본의 이토 미도리 선수가 첫 기록을 세웠어요. 하지만 남자 선수들과는 달리 성공률이 높진 않아요. 미국의 토냐 하딩과 일본의 나카노 유카리, 아사다 마오 등의 여자 선수가 3회전 반 기록을 갖고 있어요.

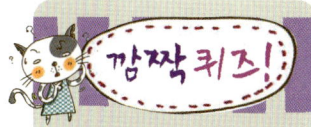

깜짝 퀴즈!

트리플 악셀은 공중회전을 몇 번 하는 걸까요?

❶ 2회전 반
❷ 3회전 반
❸ 4회전 반

답_ 딕 버튼

체육 5

최초의 발레 슈즈는 어떻게 생겼어?

 슬리퍼 형태의 발레 슈즈

* **공단**
무늬가 없고, 두껍고 윤기가 나는 비단.

* **아교**
동물 가죽이나 힘줄, 뼈 등을 진하게 고아서 굳힌 풀.

초기 발레 슈즈는 슬리퍼 형태였어요. 풀 먹인 공단에 아교를 이용해 안에다 솜을 덧댄 신이었지요. 지금과 마찬가지로 초기 발레 슈즈는 평상시에는 신을 수 없는 특별한 형태의 신이었던 거예요.

그런데 왜 발레리나들은 이런 신발을 신는 걸까요?

발레는 15세기경 이탈리아와 프랑스에서 탄생했어요. 이 당시 발레리나들에겐 전용 슈즈가 없어서 굽이 높은 신발을 신고 공연을 했어요. 오랜 시간 공연을 해야 하는 발레리나들은 높은 굽 때문에 무척 고통스러웠어요. 굽이 낮고 편한 슈즈가 절실히 필요했던 거예요.

오늘날의 발레 슈즈는 여러 겹의 천을 특수 접착제로 붙여서 만들어요. 펠트나 캔버스, 리넨 등의 천이 주로 사용되지요.

발에 딱 고정되도록 끈으로 몇 번씩 매게 되어 있어요.

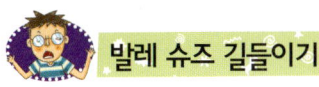 발레 슈즈 길들이기

발레 슈즈는 발레리나들에게 가장 중요한 도구예요. 슈즈가 발에 딱 맞아야만 발레 동작을 제대로 할 수 있으니까요. 그래서 발레리나들은 슈즈를 발에 길들이기 위해 다양한 방법을 사용해요. 신발을 문에 대고 문지르기 하고, 망치로 두들기거나 물에 담그기도 하지요.

발레리나들이 신는 신발 중에는 토슈즈라는 게 있는데, 이것은 발끝으로 서게 하는 슈즈예요. 앞쪽에 석고를 넣었기 때문에 발끝을 세운 상태에서 중심을 잡고 회전할 수 있도록 해 주지요. 발목 힘이 약하면 발목이 다치므로, 초보자들이 신으면 안 돼요.

*발레 슈즈가 탄생시킨 구두

여성 구두 중엔 발레 슈즈에서 유래된 구두가 있어요. 플랫 슈즈가 그 주인공이에요. 플랫 슈즈는 굽 높이가 1~2센티미터인 아주 편한 구두로, 영화배우 오드리 햅번이 영화 '로마의 휴일'에서 신고 나온 이후, 전 세계적으로 큰 인기를 얻고 있답니다.

이 신발이라면 몇 시간을 마음껏 춤출 수 있을 것 같아.

발 아파!

답_ 슬리퍼 형태

자전거를 맨 처음 만든 사람은?

 **발로 굴리는 최초의 자전거**

* **드라이지네**
1813년 발명된 후 1816년 프랑스에서 최초로 자전거 특허를 받았어요. 시속 15km까지 속도를 낼 수 있었어요.

　최초의 자전거는 1813년 독일의 칼 폰 드라이스 남작이 발명한 드라이지네예요. 이것은 발로 땅을 차서 바퀴를 굴리는 자전거였어요. 사람이 자전거를 타고 가는 것인지, 끌고 가는 것인지 분간이 안 가는 상황이 벌어지곤 했지요. 그 때문에 오르막길을 가려면 자전거 주인은 녹초가 됐답니다.
　1871년엔 파리의 피에르 미쇼가 드라이지네의 불편함을 고친 자전거를 만들었어요. '벨로시페르'라는 이 자전거는 앞바퀴에 페달을 단 것으로, 양쪽 페달을 번갈아 밟으면 바퀴가 돌아가는 구조였어요.
　벨로시페르는 발명된 지 4년 만에 무려 600대 이상이 판매될 정도로 큰 인기를 얻었어요.

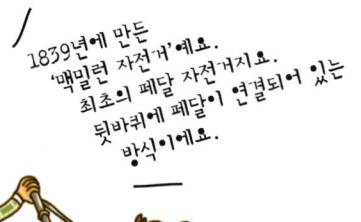

1839년에 만든 '맥밀런 자전거'예요. '맥밀런 자전거'지요. 최초의 페달 자전거지요. 뒷바퀴에 페달이 연결되어 있는 방식이에요.

 자전거를 타는 여인들

19세기 후반 영국에선 자전거가 크게 유행했어요. 모두들 자전거를 타고 신 나게 거리를 달리고 싶어했지요.

그런데 문제가 생겼어요. 치마를 입는 여자들은 자전거를 타기가 몹시 불편했거든요. 치마를 입은 채 타기도 불편했지만, 치맛자락이 자전거에 걸려 사고 위험이 높았어요. 여성 전용 자전거도 별다른 효과가 없었어요.

그러자 여성들이 불편한 치마를 벗어던지기 시작했어요. 승마복과 같은 간편한 바지 복장을 한 거예요. 당시로서는 매우 충격적인 사건이었어요. 이런 여성들을 비판하는 시위까지 벌어졌다고 하니, 여성에 대한 편견이 얼마나 심했는지를 알 수 있지요.

1895년엔 자전거를 타고 세계 일주에 도전한 여성이 있었어요. 미국 보스턴에서 자전거를 타고 출발한 유대인 여성 애니 런던데리(본명 애니 코프초프스키)는 혼자서 세계 일주에 성공했답니다.

*애니 런던데리
보스턴의 두 사업가가 애니와 내기를 했어요. 돈 없이 자전거를 타고 15개월 안에 세계 일주를 마쳐야 하며, 여행 중에 5,000달러를 벌어서 돌아와야 한다는 내기였지요. 그녀는 이 과제를 성공적으로 마쳐 세계적인 명성을 얻었답니다.

답_ 칼 폰 드라이스 남작

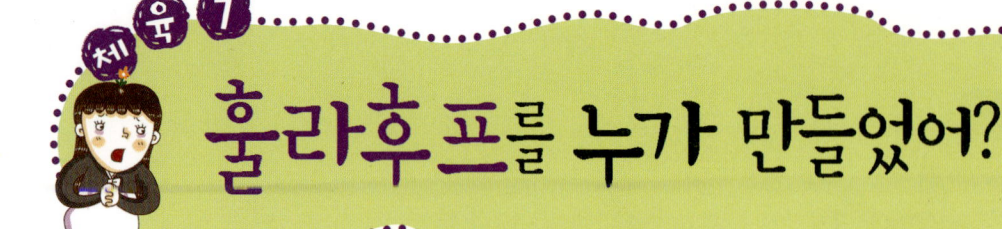

훌라후프를 누가 만들었어?

훌라후프의 발명

*훌라후프
'훌라후프'라는 이름은 하와이의 전통춤인 '훌라(춤춘다는 뜻)'에 '테, 링'이란 의미의 '후프'가 합쳐진 거예요.

후프(링)라는 형태의 장난감은 고대 이집트 인들이 가지고 놀던 것이었어요. 이것이 훌라후프라는 이름을 달고 대량 생산되기 시작한 것은 1960년대부터예요. 훌라후프는 미국인 루이 마크스에 의해 탄생했는데, 거기엔 재미있는 사연이 전해져요.

1960년대 말 여름, 마크스는 친구들과 아프리카로 떠난 여행에서 독특한 장면을 목격했어요. 원주민 아이들이 나무 덩굴로 만든 둥근 테를 가지고 노는 모습이었어요. 아이들이 둥근 테를 허리에 끼고 빙빙 돌리는 걸 구경하던 마크스는 기막힌 아이디어가 떠올랐어요.

'저걸 이용하면 아주 재밌는 장난감을 만들 수 있겠는걸.'
마크스는 여행에서 돌아오자마자, 나무 덩굴 대신 플라스틱을 이용해서 훌라후프라는 장난감을 만들어 냈고,

엄청난 돈을 벌어들였어요. 훌라후프는 만들기가 무섭게 계속해서 팔려 나갔어요.

 오르락내리락하는 요요

마크스가 원주민 아이들의 놀이를 통해 만든 장난감은 훌라후프만이 아니었어요. 아프리카 원주민 아이들은 돌을 갈아서 만든 원판을 긴 나무껍질에 꿰어 올렸다 내렸다 하며 놀았는데, 그 모습을 보고 마크스는 요요라는 장난감을 만들었답니다.

훌라후프와 요요는 전 세계 어린이들을 열광시켰어요. 그 덕분에 마크스는 하루아침에 '장난감의 황제'로 불리며 큰 부자가 되었어요.

* **요요(yoyo)**
마크스가 초기에 만든 요요는 두 개의 원판 축에 탄력 있는 실을 매어 놓은 것에 불과했어요. '요요'란 필리핀 말로 '다시 돌아온다.'라는 뜻이에요.

훌라후프로 뱃살을 쏙 빼야지.

답_ 루이 마크스

우리나라 최초의 줄넘기는 무엇이었을까?

세계의 민속놀이 줄넘기

옛날 아이들은 줄을 가지고 노는 걸 좋아했어요. 그땐 물건을 묶거나 잡아맬 때 볏짚으로 꼰 새끼를 이용했는데, 그걸로 놀이를 했던 거예요. 새끼줄은 어디에서나 구할 수 있었기 때문에 누구나 손쉽게 할 수 있었어요.

줄넘기는 오랜 옛날부터 동서양 어디서나 아이들이 즐기는 놀이었어요. 중국에서는 여자 아이들의 민속놀이로 긴 줄넘기 놀이가 정초에 널뛰기 등과 함께 행해졌어요.

정확히 언제, 어디서부터 시작되었는지는 알 수 없지만, 일본의 각 지방에서도 여자 아이들이 노래를 부르면서 줄넘기를 했어요.

우리나라 기록에도 오늘날의 짧은 줄넘기 같은 놀이 기구가 나오는데, 줄넘기를 하는 모습이 **최영년**의 《해동죽지》에 다음과 같이 기록되어 있어요.

*** 독일의 줄넘기**
독일의 구츠무츠는 1793년 펴낸 책에서 줄넘기 전용 손잡이에 대해 자세히 적어 놓았어요. 이것으로 보아 18세기경 독일에서도 줄넘기가 있었다는 걸 알 수 있어요.

새끼줄 하나로 천 번 뛰고 만 번 뛰어 점점 올라가
양발이 가볍기가 마치 새와 같아 튼튼한 성을 날아 올라가도
힘들지 않다.

　서양에서도 줄넘기에 대한 기록은 많이 전해져요. 미국에선 각 지방마다 다양한 줄넘기 동요가 있는데, 유럽에서 전해진 것이에요.
　영국에서는 홉이 생산되는 지방에서 줄넘기 놀이가 발달했어요. 수확기에 아이들이 홉으로 만든 줄을 사용해서 놀이를 하던 것이 줄넘기 놀이로 자리 잡은 거예요.

* 최영년(1856~1935)
조선 시대 말부터 일제 강점기에 교육자와 언론인으로 활동했어요. 《해동죽지》는 최영년의 시집으로, 우리나라의 역사와 풍속 등을 시로 기록한 것이에요.

* 홉(hop)
뽕나뭇과 식물. 열매는 맛이 쓰고 향이 있어 약재나 맥주의 원료로 쓰여요.

난 2단 뛰기의 천재! 정말 잘하죠?

장이 너, 달라 보인다~

답_ 새끼줄

체육 교과서에서 쏙쏙 뽑은 시작 사전

📖 최초의 수영복

기원전 350년에 이미 그리스의 여자들이 수영복을 입었다는 기록이 전해지고 있어요. 시칠리아 섬에서 비키니 형태의 옷을 입은 소녀들이 그려진 모자이크 벽화가 발견되었거든요. 비키니는 남태평양에 있는 산호섬인데, 1946년 이곳에서 미국은 원자 폭탄을 실험했어요. 프랑스 디자이너 루이레아드는 비키니 수영복의 충격적인 디자인이 원폭 실험의 충격과 맞먹을 정도라 생각해서 '비키니'라고 이름 지었어요.

📖 올림픽의 상징, 최초의 성화 봉송

올림픽 성화 봉송은 고대 시대부터 해 왔던 의식이에요. 하지만 고대 올림픽이 중단되면서 성화 봉송도 중단되었지요. 성화 봉송이 다시 시작된 것은 1928년 암스테르담 올림픽 때부터였어요.

📖 최초의 놀이공원

최초의 놀이공원은 디즈니랜드예요. 1955년 만화 영화 제작자 월트 디즈니가 로스앤젤레스 교외에 세운 대규모 오락 시설이지요. 미국 디즈니랜드는 1890년대의 미국 마을을 재현한 '메인 스트리트 USA'를 중심으로 '모험의 나라', '개척의 나라', '동화의 나라', '미래의 나라' 등 7개 구역이 테마별로 배치되어 있답니다.

📖 골프가 시작된 나라

골프는 스코틀랜드에서 시작되었어요. 중세부터 많은 사랑을 받기 시작한 골프 때문에 스코틀랜드 의회는 큰 고민에 빠졌어요. 활쏘기 실력을 길러야 할 젊은이들이 골프에 빠져 버렸기 때문이에요. 그 결과 나라에서 골프를 금지시키는 일까지 발생했어요.

📖 배드민턴을 만든 나라

배드민턴은 인도 뭄바이 지방에서 유행했던 푸나(poona)라는 놀이에서 유래되었어요. 당시 인도에 있던 영국 육군 사관생도들이 푸나를 배우게 되었는데, 본국으로 돌아온 후 운동 경기로 만들고 '배드민턴'이라고 부른 거예요.

📖 우리나라 최초의 운동화

우리나라 최초의 운동화는 1921년경에 등장했는데, 고무창 바닥에 가죽이나 천으로 만든 것이었어요. 당시 운동화를 신어 본 사람들은 깜짝 놀랐어요. 고무신이나 짚신에 비해 너무 편했기 때문이지요. 그래서 당시 운동화는 편리화 또는 경제화로 불렸어요. 그러나 값이 워낙 비싸서 부자들이나 신을 수 있는 신발이었어요.

📖 프로 레슬링을 만든 나라

프로 레슬링을 본격적으로 시작한 나라는 미국이에요. 1800년대 말 유럽에서 들여온 프리 스타일 레슬링이 미국에서 격투기로 발전하면서 프로 레슬링이 되었어요.

📖 최초의 테니스 라켓

최초의 테니스 라켓은 손바닥이라고 할 수 있어요. 1360년경, '테네즈(tennez)' 즉, '공을 친다'는 뜻의 테니스 경기가 생겨났는데, 당시엔 맨손으로 공을 쳤거든요. 당시 공은 솜이나 천으로 만든 것이지만, 경기를 하다 보면 손바닥이 너무 아팠어요. 15세기 후반 테니스 전용 라켓이 개발되었답니다.

📖 인라인 스케이트의 시작은 롤러스케이트

인라인 스케이트는 롤러스케이트에서 시작되었어요. 롤러스케이트는 1760년대에 처음 등장했어요. 최초의 발명자는 공장에서 일을 하던 사람으로, 운동량이 너무 부족해서 걱정이었어요. 그래서 스케이트를 타게 되었는데, 얼음판이 아닌 곳에서도 스케이트를 타고 싶은 마음에 롤러스케이트를 발명하게 되었답니다.

📖 최초의 미식 축구공

미국인들이 사랑하는 미식축구의 공은 원래 돼지 방광으로 만들어졌어요. 돼지 방광 안에 공기를 넣어 만든 이 공은 '피그스킨(돼지가죽)'으로 불렸지요. 지금은 내부에 소가죽을 덮은 공이 주로 쓰이지만, 아직도 피그스킨을 사용하는 곳도 있답니다. 미식축구 공과 럭비공은 비슷하게 생겼지만, 미식축구 공이 더 길쭉해요.

닫는 이야기
한글 배우는 귀신

밤새 쏟아지던 물음표 귀신의 질문이 끝난 것은 새벽녘이었어요. 마지막 질문에 답하는 순간, 창가로 발갛게 동이 트기 시작했지요. 새벽 동을 본 물음표 귀신은 하얗게 질린 얼굴로 소리쳤어요.

"으헉! 어느새 새벽이 밝았네. 난 빨리 돌아가야 해. 우리는 햇빛을 받으면 영원히 사라져 버리거든. 안녕!"

허둥지둥 사라지는 귀신을 보며 장이는 안도의 숨을 내쉬었어요.

"후유! 다신 내 앞에 나타나지 않겠지? 다행이다. 오늘 밤부터는 푹 잘 수 있을 거야."

장이는 정말 귀신 없는 밤을 보내게 되었을까요?

햇볕 쨍쨍한 낮이 지나고 밤이 되어 시커먼 어둠이 덮쳐 왔지만, 귀신은 그림자도 보이질 않았어요.

"아, 행복한 밤이야. 오늘 밤은 유난히 졸리네."

지난밤을 물음표 귀신과 함께 꼬박 새운 탓인지, 졸음이 한꺼번에 몰려들었어요. 장이가 무거운 눈꺼풀을 스르르 감으려 할 때였어요.

"가발은 언제 생겨난 거야, 응?"

어디선가 낯익은 목소리가 들려왔어요. 물음표 귀신의 목소리가 분명했지요. 하지만 장이는 눈을 뜨지 않았어요.

'내가 꿈을 꾸고 있는 거야. 오늘 밤부터는 귀신이 오지 않기로 했잖아.'

"나 궁금한 게 또 생겼어. 장이야, 눈 좀 떠 봐."

세상에! 물음표 귀신이 또 나타났어요. 낡은 가발을 뒤집어쓴 물음표 귀신이 우스운 꼴을 하고서 장이를 내려다보았어요. 장이는 잔뜩 짜증이 났어요.

"약속했잖아요. 다신 나타나지 않겠다고!"

"안 되겠어. 하루 만에 다시 궁금증이 산더미처럼 생겨났는걸. 궁금증을 못 풀면 난 미쳐 버릴 거야."

장이를 바라보는 귀신의 눈빛은 간절했어요.

"싫어요! 난 이제 아무 대답도 하지 않을 거라고요."

귀신은 장이 곁에 바싹 다가앉더니 그럴 듯한 방법을 제안했어요.

"그래서 내가 고민해 봤는데, 좋은 방법이 떠올랐어."

"무슨 방법이요?"

"언제까지 너에게 물어볼 순 없잖아. 나도 내 힘으로 궁금증을 풀어야지. 그러니까 나에게 한글을 가르쳐 줘. 그럼 나 혼자서도 얼마든지 답을 찾을 수 있을 거야."

　　귀신의 제안에 장이도 솔깃했어요. 물음표 귀신이 혼자서 책을 읽을 수 있게 된다면, 더 이상 귀찮게 구는 일은 없을 테니까요.

　　"좋아요! 그 대신 한 가지만 약속해요. 혼자 책을 읽을 수 있게 되면 정말 다시는 날 찾아오지 않기!"

　　"오우 케이!"

　　이렇게 해서 장이는 얼떨결에 물음표 귀신의 선생님이 되었답니다.

　　물음표 귀신은 아주 성실한 학생이었어요. 비가 오나, 눈이 오나, 하룻밤도 빠짐없이 장이를 찾아왔어요. 비가 오는 날 밤엔 군데군데 기운 우산을 쓰고 나타나고, 눈이 오는 밤엔 허연 눈을 머리 위에 얹은 채로 나타났지요. 그 덕분인지 물음표 귀신은 6개월도 되지 않아 한글을 모두 깨쳤답니다.

　　"축하해요! 오늘 밤으로 귀신 님의 한글 공부는 끝이에요."

　　장이는 이제 귀신에게서 해방된다고 생각하니, 날아갈 듯 기분이 좋았어요.

"히야! 그럼 나 혼자 책을 읽을 수 있는 거야?"

물음표 귀신도 발갛게 상기된 얼굴로 책을 바라보았어요.

"물론이죠. 요건 《누가 처음 시작했을까?》라는 아주 재미있는 책이에요. 요걸 혼자 힘으로 읽어 보세요. 다 읽고 나면 수업 끝! 이젠 여기로 오지 말고, 도서관으로 가면 돼요. 알았죠?"

물음표 귀신은 장이의 말을 듣는 둥 마는 둥 책을 펼쳤어요. 그러고는 마치 빨대 속으로 빨려 들어가는 주스마냥 책 속에 빠져들었답니다.

'저 속도로 봐선 금세 책 한 권을 읽어 치울 거야. 물음표 귀신 님, 잘 가세요. 이제 다신 나타나지 마시라고요. 히히!'

장이는 싱글거리며 침대 위로 올라갔어요. 달콤한 잠이 소르르 덮쳐 왔지요. 장이는 금세 꿈속으로 빠져들었어요.

행복한 장이의 얼굴 좀 보세요. 물음표 귀신이 없는 평온한 밤을 꿈꾸고 있나 봐요.

그런데 정말 물음표 귀신이 다시는 나타나지 않을까요?